Jean-Baptiste Pattier • Dessins de Chaunu

D-Day

Histoires mémorables du Débarquement et de la bataille de Normandie

ARMAND COLIN

À mes parents, Jean-Pierre et Anne-Marie, avec qui j'ai découvert pour la première fois les plages du Débarquement

À mon père Jean-Pierre Pattier, engagé depuis de nombreuses décennies pour la défense de la mémoire des déportés, des Résistants et des anciens combattants,

Jean-Baptiste Pattier

À Syldia,

Emmanuel Chaunu

Maquette de couverture : Hokus Pokus création

Illustration de couverture : ©Chaunu

Dessins publiés dans cet ouvrage : ©Chaunu

Armand Colin est une marque de
Dunod Éditeur, 11 rue Paul Bert, 92240 Malakoff

ISBN 978-2-200-62611-2

Sommaire

Troisième partie
Mémoire du Débarquement et de la bataille de Normandie

Avant-propos

Né en Normandie à Lisieux en 1985, j'ai grandi dans une ville marquée par la guerre. Cette ville présente à la face de ses visiteurs et de ses habitants les stigmates de sa reconstruction aux qualités esthétiques loin de faire l'unanimité. Il fallait reconstruire vite et bien, efficace et pragmatique, avec un budget raisonnable. Si l'ouverture de grandes artères larges et lumineuses a pu être bénéfique, les briques rouges ou le gris des moellons ont remplacé les splendeurs passées des pans de bois ancestraux de la capitale européenne du bois sculpté. Les artères de Lisieux sont les symboles d'une ville détruite aux trois quarts. Certains qualifient cette ville de triste, ou même de sinistre. Elle a le visage que la guerre lui a donné, mais surtout celui de la vie qui a repris sur les ruines de la Seconde Guerre mondiale. Désormais, les Lexoviens et les descendants de celles et ceux qui ont connu la guerre y vivent en paix. En allant au collège puis au lycée, plus je comprenais l'environnement dans lequel je vivais, plus j'étais saisi par le contraste entre ce paysage, conséquence de l'horreur des bombardements, et la légèreté de la vie, insouciante, qui suivait son cours. Sans doute, pensons-nous que la paix est une évidence.

La ville de Lisieux porte aussi les âmes et les souvenirs de ses habitants qui ont connu l'Occupation, la Seconde Guerre mondiale, la bataille de Normandie, la Libération et la reconstruction. Durant les trente premières années de ma jeune vie, j'ai grandi avec les récits de mes grands-mères. Elles ont toujours eu à cœur de partager leurs histoires à ceux qui souhaitaient les entendre. Fasciné et ému par les détails de leurs explications, la précision de leurs anecdotes et intéressé par leurs analyses, je pouvais les écouter pendant des heures. Au cours du déjeuner ou à l'heure du goûter, mes oreilles ne voulaient rien perdre de leurs conférences, comme des trésors révélés, je ne voulais rien manquer. Il a fallu attendre plusieurs années pour comprendre. Les premières références de l'une de mes grands-mères à la Seconde Guerre mondiale se traduisaient par des remontrances quand je ne terminais pas une assiette. « Si tu avais connu la guerre, tu finirais tes haricots verts. » Le mot « guerre » évoquait tellement la peur et la mort, que j'en terminais mon plat. Et d'années en années, j'ai compris en échangeant avec ma grand-mère toutes les souffrances endurées et tous les sacrifices consentis. Pourquoi je n'avais pas le droit de me plaindre.

Après un baccalauréat en poche, j'ai étudié l'histoire à l'université de Caen Normandie et j'ai choisi la Seconde Guerre mondiale comme spécialisation. Après plusieurs années de recherches sur cette thématique, je suis devenu journaliste avec toujours cette envie de transmettre l'histoire et la mémoire de ce conflit avec des témoignages recueillis ou la diffusion des savoirs de la science historique. Cet ouvrage s'inscrit dans la même démarche.

Ce livre est une synthèse des données historiques les plus à la pointe sur la question du Débarquement et de la bataille de Normandie collectées et publiées par les plus grands historiens et spécialistes. Je tiens ici à saluer le travail extraordinaire d'Anthony Beevor, de Jean Quellien, Françoise Passera, Claude Quétel, Olivier Wieviorka et Jean-Luc Leleu. Ils nous permettent d'en savoir toujours davantage sur cet épisode marquant de l'histoire. Cet ouvrage se nourrit aussi de recherches personnelles et d'entretiens exclusifs menés auprès de témoins rencontrés. Je remercie aussi toutes les personnes contactées dans le cadre de l'écriture de ce livre et plus particulièrement celles qui m'ont transmis des informations inédites.

Cet ouvrage est un duo. Il est réalisé avec le dessinateur de presse Chaunu. Nous avons cette passion commune pour l'Histoire et cette obsession de tenter de comprendre les faits historiques et les liens entre les Hommes et les événements. L'Histoire est le récit des faits, des pratiques et des pensées des êtres humains, écrit par des êtres humains, destiné aux êtres humains. Avec Chaunu, nous partageons cette fascination pour le genre humain dans ce qu'il a de meilleur et de pire. La guerre exacerbe toutes ces tensions réunies dans l'esprit d'un seul être humain : les choix, la résilience, la solidarité, les réactions devant le fait accompli, la résistance, la peur, le courage. Et toujours un seul objectif : survivre. La guerre est le théâtre d'affrontements militaires violents et d'actes cruels. Dans ce marasme, la Vie continue. Dans ce contexte exceptionnel, la banalité du quotidien peut aussi ressurgir, des histoires rocambolesques se dérouler, des héros ou des icônes naître.

Les dessins de Chaunu invitent à la réflexion, susciteront en vous des interrogations, pourront parfois vous faire sourire ou même rire et atteindront aussi la dimension de l'hommage. Mais surtout les dessins de Chaunu célèbrent la Liberté pour laquelle des jeunes soldats se sont battus et ont perdu la vie sur les plages de Normandie ou dans la campagne normande durant l'été 44. Ils honorent la Liberté retrouvée pour ces civils plongés au cœur de la bataille. Les œuvres de Chaunu célèbrent ainsi la Liberté de dessiner, la Liberté de créer et donc la Liberté de penser, valeur si chère à la France et à nos démocraties.

JEAN-BAPTISTE PATTIER

À la recherche de la mémoire perdue

Mon père est né à Verdun en 1923, je suis né à Caen en 1966. Lui comme moi, nous avons passé notre enfance sur des territoires marqués par l'histoire.

Enfant, je passais l'été sur les plages du Débarquement. Les stigmates de la guerre avaient disparu depuis longtemps et les plages étaient redevenues des lieux de paix, de loisirs… l'espace idéal des grandes vacances, le paradis de l'enfance. Un sentiment de liberté m'envahissait quand je découvrais de la digue, l'immensité de la mer.

Bien qu'insouciant, je savais qu'ici s'était déroulé un des événements fondateurs de notre Europe du XXe siècle.

Avec mon frère, nous jouions au Débarquement en creusant des trous et nos pelles devenaient des fusils.

Mes héros étaient ces soldats aux casques plats que des siècles auparavant, Guillaume allait de sa Normandie natale, conquérir.

Plus tard, mon père m'emmena au cimetière d'Omaha Beach, où je pus de mes yeux, voir la puissance d'une démocratie en découvrant les étoiles de David qui rompaient la monotonie des croix parfaitement alignées sur ce drap vert tendu au-dessus de la plage d'Omaha la Sanglante.

En gambadant vers les flots, je croisais les ombres de ces jeunes hommes qui remontaient difficilement vers la plage sous la mitraille. Un chassé-croisé historique dans un morceau de temps arrêté.

Grâce à eux et à leur sacrifice, je vivais mon enfance dans la joie et l'innocence.

J'ai gardé cette reconnaissance en moi et en ces temps tourmentés, où la mémoire s'étiole, je m'interroge sur la façon de transmettre cette mémoire pour les générations futures.

J'espère que ce livre contribuera à l'entretenir.

En attendant, les mots et le talent de Jean-Baptiste m'ont inspiré des dessins tantôt graves, tantôt drôles.

J'y ai mis mon cœur, mon énergie… la même que j'avais quand je goûtais à la liberté sur les plages de mon enfance. Une liberté si fragile en ce monde incertain.

EMMANUEL CHAUNU

Avant-propos

Première partie

Les préparatifs du Débarquement

Le choix de la Normandie

L'idée d'un débarquement sur le rivage européen est présente dans l'esprit du Premier ministre britannique Churchill dès l'été 1940. Après la débâcle de juin 1940 et l'épisode de Dunkerque, avec le rembarquement *in extremis* de 200 000 soldats britanniques du nord de la France vers l'Angleterre, l'obsession de Churchill est de revenir sur le continent. Au mois de juillet 1940, il crée un commandement des opérations combinées pour réfléchir à un prochain débarquement. Le lieu comme la date ne sont pas encore déterminés mais l'ambition est affichée. Un des objectifs de ce commandement est d'organiser des raids pour tester les défenses allemandes comme sur les îles Lofoten en Norvège au mois de mars 1941. C'est un succès, les Allemands sont pris par surprise et vite dépassés. Les Britanniques repartent pour l'Angleterre avec 200 prisonniers allemands à bord de leurs navires. À cette époque, les Britanniques sont encore et toujours seuls à se battre contre les Allemands, la France et l'Europe sont occupées, les États-Unis ne sont toujours pas engagés dans le conflit et l'URSS reste sur ses positions de non-agression après la signature du pacte germano-soviétique de 1939. Mais à partir de juin 1941, le contexte international est bouleversé, l'évidence d'un débarquement ne fera que s'affirmer mois après mois.

Le 22 juin 1941, les Allemands attaquent l'URSS. La Grande-Bretagne n'est plus isolée. Même si Churchill n'aime pas les communistes, ce n'est pas le moment de refuser une alliance contre Hitler et le nazisme. « Si Hitler attaquait l'enfer, je n'hésiterais pas à défendre le diable », déclare alors le Premier ministre britannique. Moins d'un mois après le début de l'offensive allemande contre l'URSS, Staline sollicite les Britanniques pour l'ouverture d'un second front à l'ouest. Il souhaite un débarquement sur les côtes du nord de la France ou en Norvège.

Au mois d'octobre 1941, Churchill demande à lord Louis Mountbatten, célèbre capitaine de la Royal Navy, de prendre la tête des opérations combinées. Après la réflexion, place à l'action. La mission : préparer une offensive sur une côte occupée par l'ennemi. Churchill évoque même déjà le sud de l'Angleterre comme zone de stationnement et de départ de l'opération. « Faites-en un tremplin d'où nous lancerons l'assaut », enjoint Churchill. Mountbatten a aussi pour tâche d'inventer et de fabriquer de nouveaux véhicules, de nouvelles infrastructures, de nouveaux dispositifs, en vue d'un débarquement dans lequel les trois armées seront engagées.

Tout s'accélère à partir du 7 décembre 1941 et l'entrée en guerre des États-Unis, suite à l'attaque japonaise contre la base navale américaine de Pearl Harbour. Entre le 22 décembre 1941 et le 14 janvier 1942, se tient à Washington la conférence Arcadia. Les Américains et les Britanniques s'accordent sur la priorité de vaincre l'Allemagne nazie. Cette stratégie est baptisée Germany First, et se concrétise par la mise en place d'un commandement unique des troupes avec la création d'un état-major commun. Les Américains s'engagent à activer le plus rapidement possible le plan Boléro qui consiste à transférer des États-Unis vers la Grande-Bretagne des hommes et des équipements.

Au mois de mars 1942, le président américain Roosevelt informe Churchill de son ambition d'ouvrir un second front au plus vite. Dans un premier temps, les Américains élaborent deux plans sans consulter les Britanniques. À la direction de la conception de cette première ébauche : le célèbre général des forces armées américaines George Marshall. Ce premier plan prévoit un débarquement entre Le Havre et Boulogne-sur-Mer au printemps 43. 48 divisions, 6 000 avions et 7 000 navires seraient engagés dans cette opération de grande ampleur ayant pour nom de code Round-up. Le second projet baptisé Sledgehammer, mot allemand signifiant « massue » en français, consisterait à organiser une tentative de débarquement en Normandie et plus précisément dans le Cotentin dès les prochains mois. Cet assaut serait enclenché en cas d'urgence pour aider les Soviétiques à l'est.

Ces plans sont présentés aux Britanniques à Londres le 8 avril 1942. Si Churchill valide l'idée de l'opération Round-up, il ne partage pas en revanche le calendrier proposé par les Américains. Selon lui, le printemps 43 est trop prématuré pour organiser et mener un assaut de cette importance. Et en ce qui concerne le débarquement dans le Cotentin, le Premier ministre britannique y est farouchement opposé à cause notamment de la géographie. Il semble si simple pour les unités allemandes d'empêcher toutes percées en coupant ce bras de terre enfoncé dans la mer. Les Américains et les Britanniques ne parviennent pas à s'entendre. Le premier projet est mis en suspens, le second est abandonné. Roosevelt menace de se retirer du front européen pour se consacrer au Pacifique et à la guerre contre les Japonais. De son côté, Staline se fait de plus en plus pressant pour l'ouverture du second front. Une délégation soviétique conduite par Molotov, le ministre soviétique des Affaires étrangères, se rend à Washington le 29 mai 1942. Les deux parties s'engagent à se soutenir mutuellement dans cette guerre menée contre l'Allemagne nazie et s'accordent sur l'ouverture d'un second front en Europe en 1942. Finalement, c'est la voie du compromis qui l'emporte. Sur proposition des Britanniques, un premier débarquement allié aura bien lieu mais en Afrique du Nord à l'automne 1942. L'objectif est de disperser les forces allemandes, là où l'ennemi est le plus faible, loin du Reich et des territoires occupés sur le continent européen.

En parallèle de ces discussions diplomatiques, lord Mountbatten compte bien honorer la mission que lui a confiée Churchill et met au point plusieurs attaques sur les côtes françaises en vue d'étudier la résistance et les failles de la défense allemande. Il souhaite aussi tester l'organisation des troupes et les stratégies à employer en vue d'une attaque de grande envergure. L'opération la plus emblématique a lieu le 19 août 1942 à Dieppe, port et station balnéaire de Seine-Maritime en Normandie et a pour nom de code Jubilee. C'est un fiasco, l'échec est total, le bilan est lourd. Sur 6 100 soldats qui ont pris part à cette attaque, près de 1 000 sont morts. Les Canadiens représentaient 77 % des effectifs. Le plus grand nombre de tués se compte donc dans les rangs canadiens. À ce désastre humain, s'ajoutent les pertes matérielles : une trentaine de péniches de débarquement et une centaine d'avions de la RAF. La Royal Air Force n'avait jamais perdu autant de chasseurs en une journée et le raid de Dieppe détient le triste record de toute la Seconde Guerre mondiale en perte d'avions pour la RAF. La malchance frappe cette opération avant même que les soldats aient atteint le rivage. 250 navires et péniches de débarquement transportent les troupes. Lorsque le 3e commando s'approche de la côte, il croise un convoi allemand qui descend la Manche de Boulogne à Dieppe. L'affrontement est inévitable. Les deux forces navales s'échangent des tirs fournis provoquant un bruit assourdissant. L'effet de surprise est totalement raté. Même si les soldats alliés arrivent à poser le pied à Dieppe ou sur d'autres plages situées sur une vingtaine de kilomètres entre Berneval à l'est et Quiberville à l'ouest, ils n'arrivent pas à progresser à l'intérieur des terres. Au prix de nombreuses vies sacrifiées, les enseignements de ce camouflet sont nombreux. Il faudra à l'avenir une meilleure coopération et communication entre les armées et plus de précisions dans les renseignements des positions ennemies. De plus, le recours aux bombardements aériens et à l'artillerie navale est considéré indispensable pour endommager les défenses allemandes et assurer la réussite d'un débarquement de grande envergure. Un dernier point n'est pas négligeable dans la dure bataille diplomatique et stratégique qui oppose les Alliés au sujet de l'ouverture d'un second front. L'échec de Dieppe conforte Churchill dans sa position. Un débarquement majeur en Europe de l'Ouest ne peut avoir lieu maintenant. L'idée d'une ouverture des hostilités en Méditerranée s'impose malgré la déception affichée de Staline et les réticences des Américains. Les soldats alliés débarquent en Afrique du Nord le 8 novembre 1942.

L'année 1943 est décisive dans le choix des plages de Normandie pour le débarquement allié et l'ouverture du second front à l'ouest. Lors de la conférence de Casablanca du 14 au 24 janvier 1943, les Alliés entérinent leur volonté d'organiser un débarquement sur les côtes du nord-ouest de l'Europe. Pour en étudier les options et élaborer des plans, les Alliés créent un état-major conjoint interarmé avec à sa tête le général britannique Frederick Morgan qui prend le titre de COSSAC, *Chief of Staff to the Suprême*

Allied Commander, c'est-à-dire le chef d'état-major du commandant suprême allié.

Une autre décision importante est prise à l'issue de la conférence Trident de Washington qui se déroule du 12 au 25 mai 1943. Après la victoire des Soviétiques à Stalingrad le 2 février 1943, Churchill s'inquiète du mouvement des divisions de Staline lancées vers l'Europe centrale et les Balkans. Il craint une perte d'influence en Méditerranée et dans les pays environnants. Lors de cette conférence, deux débarquements alliés sont décidés. Le premier aura lieu en Sicile dès septembre 1943 et répond aux volontés du Premier ministre britannique, soucieux d'intervenir en Italie pour ensuite se diriger vers les Balkans et contrer les Soviétiques. Si les Américains ont accepté, c'est très certainement parce que les Britanniques ont fixé avec eux deux points essentiels : le débarquement majeur à l'ouest aura lieu en France et à la date du 1er mai 1944.

Aux premiers jours de l'été 1943, du 28 juin au 4 juillet, c'est au tour des hauts gradés britanniques de tenir une réunion secrète pour plancher sur le futur débarquement sur les côtes du nord-ouest de l'Europe. Les débats sont menés par lord Mountabatten et le général Frederick Morgan. Dans un premier temps, ils font face à un parterre de généraux britanniques sceptiques et profondément pessimistes mais plus les idées fusent, plus l'enthousiasme et la confiance semblent gagner les esprits. À l'issue des échanges, la proposition de débarquer en Normandie l'emporte sur la

Norvège, la Bretagne, le golfe de Gascogne et le Pas-de-Calais. Certes, la Normandie est située à environ 150 kilomètres de l'Angleterre mais l'effet de surprise devrait fonctionner. Les longues plages de sable à l'abri des rafales de vent de secteur ouest grâce à la pointe Cotentin sont idéales pour mener à bien une opération amphibie. Enfin, les défenses ennemies semblent moins menaçantes. Le nom de l'opération est adopté. Elle est baptisée Overlord, « Seigneur suprême ». De nombreuses idées du plan américain Round-up sont reprises. Le projet est officiellement adopté par Roosevelt, Churchill et les militaires lors de la conférence Quadrant qui se tient à Québec du 17 au 24 août 1943. Il ne reste plus qu'à annoncer l'heureuse nouvelle à Staline.

Churchill, Roosevelt et Staline se réunissent pour la première fois de l'histoire de la Seconde Guerre mondiale à Téhéran du 28 novembre au 1er décembre 1943. Le projet d'ouverture d'un second front à l'ouest, tant réclamé par le chef de l'URSS, est enfin présenté. Staline approuve le plan et semble rassuré par les objectifs affichés par les Alliés. Le débarquement sur les plages de Normandie aura bien lieu.

Un état-major pour le plus grand débarquement de l'histoire

À Téhéran, une fois assuré par Churchill et Roosevelt de l'ouverture d'un second front pour le printemps 44, Staline met la pression à ses alliés britanniques et américains. Tout d'abord sur le délai pour préparer une telle opération : seulement cinq mois. Et surtout, Staline souhaite la nomination au plus vite d'un commandant en chef. Churchill propose aux Américains de le désigner car ils auront le plus grand nombre de forces engagées dans cet assaut. Roosevelt accepte et doit choisir le futur commandant avant le 1er janvier 1944.

À la surprise générale, ce n'est pas le général George C. Marshall, le chef d'état-major de l'armée américaine, qui est désigné. Pourtant, il est le porteur du fameux projet initial de débarquement intitulé Round-up et se sent lui-même légitime pour endosser la fonction. Mais Roosevelt a tellement confiance en Marshall et le général américain est si essentiel pour lui qu'il ne peut se résoudre à le voir partir pour l'Angleterre. « Il me semble que je ne pourrais pas dormir la nuit si vous n'étiez plus sur le territoire des États-Unis » confie Roosevelt à Marshall. L'homme de la situation sera donc le général Dwight Eisenhower. Marshall apprend qu'il est écarté dans des circonstances peu élégantes. Le 6 décembre 1943, Roosevelt décide d'annoncer par télégramme la nomination d'Eisenhower à Staline. Le président américain ne trouve pas mieux que de dicter à Marshall en personne la missive informant le Maître du Kremlin de la fameuse nouvelle. Marshall apprend ainsi que le poste si prestigieux et tant convoité n'est pas pour lui. L'information sera officialisée dans les médias le 24 décembre 1943.

Quand Eisenhower est nommé, il ne bénéficie pas d'une grande notoriété auprès du grand public mais il a la confiance de Marshall. Le chef d'état-major américain avait choisi en 1942 Eisenhower pour assurer le commandement de l'opération Torch, le débarquement en Afrique du Nord. Auréolé de succès, Eisenhower prépare et organise ensuite à partir de février 1943 le débarquement en Sicile. Cette opération se déroule l'été suivant et se conclut par une nouvelle réussite qui permettra aux troupes alliées d'atteindre l'Italie continentale à partir de septembre. Moins de quatre mois plus tard, le général Eisenhower devient le commandant suprême des forces alliées en vue de l'opération Overlord. Une fois arrivé et installé à Londres le 14 janvier 1944, Eisenhower crée le SHAEF, *Supreme Headquarters Allied Expeditionnary Force*, le quartier général suprême des forces expéditionnaires alliées.

Pour conduire cette noble mission, Eisenhower est entouré de hauts gradés britanniques et américains. Son second est l'Air chief marshal Arthur Tedder. L'Écossais est devenu son ami, ils se sont connus sur le théâtre des opérations en Afrique du Nord et en Italie. Le chef d'état-major est le lieutenant général américain Walter Bedell Smith. Depuis la fin de l'année 1942, il est en Grande-Bretagne en tant que chef d'état-major des zones de combat en Europe. Il est reconnu pour ses qualités d'organisation et de coordination des moyens techniques et humains et pour sa force de travail. Il est attentif au moindre détail. Il a la lourde tâche de gérer les désaccords entre Américains et Britanniques sur la conduite des opérations. Tenace dans ses prises de position et dans les objectifs fixés, Churchill le surnomme le « bulldog ». Le commandant des forces navales est l'amiral britannique Sir Bertram Ramsay. Il devient célèbre en juin 1940 pour avoir organisé l'évacuation de Dunkerque. En 1942, il planifie le débarquement en Afrique du Nord et en 1943 celui de Sicile. En cette année 1944, il reçoit la charge spécifique d'organiser le Débarquement, opération baptisée Neptune. Il est ainsi nommé commandant en chef des forces navales d'invasion. Côté aviation, Trafford Leigh-Mallory, l'Air-Vice-Marshal de la Royal Air Force et vétéran de la bataille d'Angleterre, devient le commandant des forces aériennes alliées.

Reste un dernier personnage clé à désigner, celui qui prendra la tête des troupes terrestres. Dans un premier temps, Eisenhower souhaite nommer le général britannique

Harold Alexander qu'il a bien connu aussi lors des opérations en Afrique du Nord et en Sicile. Il le considère comme le plus grand stratège britannique et apprécie ses qualités humaines, Eisenhower parle même de relations d'amitié entre lui et Alexander. Mais Churchill, toujours obsédé par la Méditerranée et les Balkans, préfère qu'il reste à la tête des unités en Italie. Finalement, le Britannique Sir Bernard Law Montgomery reçoit la mission de diriger les forces terrestres. Il est connu pour ses faits d'armes dans le désert de Libye et pour avoir remporté la bataille d'El Alamein, entre fin octobre et début novembre 1942, face au maréchal allemand Rommel surnommé le « renard du désert ». Les deux hommes se retrouveront en Normandie. Pour mener à bien le débarquement, la bataille de Normandie et la libération de l'Europe, Montgomery aura pour titre officiel Commandant du 21e groupe d'armées. L'état-major est constitué, reste à échafauder les plans du débarquement qui a pour objectif final de vaincre l'Allemagne nazie.

L'état-major déménage
Erreur d'adresse

Au mois de mars 1944, Eisenhower quitte Londres et implante son quartier général à une quinzaine de kilomètres de la capitale anglaise dans une très belle villa à Bushy Park. Ce déménagement suscite de nombreuses déceptions et même quelques oppositions. Les officiers d'état-major s'étaient habitués aux charmes des soirées londoniennes et des déjeuners dans de nombreux clubs. Mais Eisenhower souhaite éloigner le quartier général et les gradés de la capitale pour éviter les tentations de la ville à un peu plus de trois mois du débarquement. Les jours et les nuits doivent être consacrés au travail et les esprits concentrés.

La nouvelle adresse de l'état-major allié n'est cependant pas celle décidée à l'origine mais la nouvelle situation du SHAEF est la conséquence d'une confusion dans le nom des localités. Initialement, l'ambition d'Eisenhower et de l'état-major était de s'établir à *Bushey Heath* et non à *Bushy Park*. L'objectif premier était noble et important : se rapprocher du quartier général des forces aériennes basé non loin de Bushey Heath à Stanmore. Mais les noms *Bushy* et *Bushey* ont été mélangés et quand l'erreur est découverte, il est trop tard. Le chantier pour aménager le futur SHAEF est déjà bien entamé et les ouvriers s'affairent pour terminer au plus vite les travaux. Les conséquences de cette erreur sont fâcheuses notamment sur la coordination du SHAEF avec les moyens aériens. Plus tard, si les états-majors Terre et Mer s'établissent à Portsmouth dans le sud de l'Angleterre, l'Air reste toujours éloigné à Stanmore jusqu'au 6 juin 1944 malgré les nombreuses demandes de rapprochement réclamées par Montgomery. Il faudra attendre la Normandie pour voir les états-majors Terre et Air se retrouver.

Le sable normand en éprouvette

À peine le choix de la Normandie validé à la conférence de Québec l'été 1943 et approuvé à Téhéran l'automne suivant, une question centrale taraude les esprits des généraux alliés : les plages de Normandie supporteront-elles le poids des blindés, le débarquement de dizaines de milliers de soldats et de centaines de milliers de tonnes de matériel ? Il est donc décidé d'envoyer dans le plus grand secret, depuis l'Angleterre et par la mer, des militaires pour des missions nocturnes de reconnaissance sur les plages de Normandie.

Ces hommes sont transportés jusqu'aux rivages normands en vedettes rapides ou en sous-marins de poche. Ces commandos sont constitués de deux à cinq soldats. Une fois stationnés à quelques centaines de mètres des plages, au cœur de la nuit, des hommes-grenouilles s'approchent des côtes en canoë puis plongent dans l'eau froide de Normandie. Ils sont équipés de combinaisons, de boussoles ou de compas attachés au poignet, de montres et de lampes étanches. Certains ont aussi utilisé des appareils de respiration artificielle, le fameux DSEA, *Davis Submerged Escape Apparatus,* « appareil d'échappement submergé de

Davis» en français. Ce système était l'ancêtre des bouteilles et masques à oxygène, il avait été adopté par la Royal Navy en 1929 et s'est imposé durant la Seconde Guerre mondiale. Pour ces opérations top secret en Normandie, ces hommes-grenouilles pouvaient bénéficier en immersion de 30 minutes d'autonomie en oxygène.

En plein hiver, le 1er janvier 1944, dans la nuit de la nouvelle année qui entrera bientôt dans l'Histoire, le major Scott-Bowden et le sergent Ogden-Smith sont chargés d'inspecter dans la plus grande discrétion les plages du secteur britannique du futur débarquement. Après avoir nagé depuis leur embarcation, ils s'approchent à la nage de la plage avec précaution. Le courant est fort et les déporte vers l'est. Mais ils ne se perdent pas et se repèrent grâce à la lumière d'un phare qui révèle par intermittence les façades des maisons du bord de mer. Au loin, un bruit de fond, certainement la rumeur d'une fête organisée par les Allemands pour célébrer la nouvelle année. Ils s'approchent silencieusement et enfin la plage est face à eux, ils rampent pour l'atteindre. Dans leur dos, une douzaine de longs tubes numérotés au phosphore. L'objectif de la mission : prélever des échantillons du sol à différents endroits de la plage avec pour obligation de référencer leur provenance géographique en la notant sur une tablette fixée au bras. Du sable normand est emmené dans un des tubes mais surtout de la tangue (sédiment marin de la Manche) s'étendant sur un banc repéré au préalable par photographies aériennes. L'opération permet de confirmer la présence de ce sédiment et surtout de contrôler sa résistance. Après avoir rempli huit tubes de divers prélèvements, les deux hommes regagnent leur bateau. Quelque temps plus tard, ils participeront à de nouvelles missions de reconnaissance sur le futur secteur américain d'Omaha Beach. D'autres hommes iront aussi en repérage à Luc-sur-Mer et devant l'estuaire de l'Orne pour effectuer de nouveaux prélèvements et pour tenter d'établir avec précision une cartographie des fonds marins, d'étudier les courants et repérer les systèmes de défense allemands. Des soldats alliés ont donc déjà débarqué sur les plages de Normandie mais cinq mois auparavant. À ces missions confidentielles, les données de la résistance, les observations aériennes et les informations rassemblées par l'espionnage sous toutes ses formes permettront aux Alliés de connaître au mieux le territoire où ils débarqueront.

Le nouveau plan Overlord

À peine arrivé en Angleterre, la première décision d'Eisenhower est de repousser la date du débarquement du 1er mai au 1er juin pour être certain d'avoir suffisamment de bâtiments de débarquement et de matériel. Une fois son état-major constitué, Eisenhower émet de nombreuses réserves sur le plan élaboré précédemment et entériné lors de la conférence anglo-américaine de Québec sept mois plus tôt. Selon lui, le nombre de divisions n'est pas suffisant et l'étendue géographique du débarquement trop restreinte. Il fait débarquer plus de soldats et sur un territoire plus vaste. Montgomery partage ce point de vue. Dès février 1944, il est donc décidé de réviser plusieurs points pour donner au débarquement plus d'ambition et plus d'envergure.

Tout d'abord le front n'est plus réservé aux uniques plages du Calvados. Dans la Manche, la côte est du Cotentin sera aussi un lieu de débarquement, préfigurant la prise du port de Cherbourg. Aussi, une division britannique supplémentaire participera à l'assaut à l'ouest de Ouistreham. Les plages sont donc plus nombreuses.

L'idée est d'attaquer l'ennemi allemand sur plusieurs endroits pour accroître l'effet de surprise et le déstabiliser davantage. L'autre objectif est d'éviter les embouteillages les jours qui suivront le débarquement lors de l'arrivée des nouvelles divisions qui seront engagées dans la bataille de Normandie et la libération de l'Europe. Ce schéma ne provoque pas d'opposition.

Les secteurs géographiques sont définis et des noms de code attribués à ces plages du débarquement. Les Américains doivent débarquer à Utah Beach sur la côte sud-est du Cotentin, seule plage du débarquement située dans le département de la Manche. Puis vient la première plage à l'ouest du Calvados : Omaha Beach. Les noms de ces deux plages sont choisis par les Américains. Utah fait référence à un État américain et Omaha à une ville du Nebraska. Le général britannique Montgomery baptise les secteurs britanniques. Gold Beach pour les plages à l'est d'Arromanches et Sword Beach pour la zone la plus à l'est à hauteur des communes de Colleville-sur-Orne et Ouistreham. Ces noms sont les diminutifs de *goldfish* et de *swordfish*, respectivement poisson rouge et espadon en français. Pour les plages du secteur canadien situées entre Gold Beach et Sword Beach, Montgomery propose Jelly Beach. Mais Churchill n'apprécie guère cette proposition. Le Premier ministre britannique ne souhaite pas associer le mot « méduse » à un événement historique où probablement de nombreux soldats vont mourir. Et pour ne rien arranger,

« jelly » signifie aussi gelée. Finalement, le lieutenant-colonel canadien Dawnay, dans les parages aux moments des discussions, propose Juno, le prénom de sa femme. C'est adopté ! Il est vrai que cette appellation est moins dans l'esprit du nom de code du débarquement. L'opération est baptisée Neptune, en référence au dieu romain de la mer et de la navigation.

Les généraux alliés s'accordent aussi sur les bombardements préalables des défenses allemandes. Mais sur ce point une question est rapidement au centre des préoccupations : comment bombarder les défenses côtières les jours et les heures précédant le débarquement sans éveiller la suspicion côté allemand ? La solution est vite apportée. Entre mi-avril et le 5 juin 1944, seulement un tiers des pilonnages des défenses côtières allemandes concernent le littoral où le débarquement aura lieu. En parallèle, pour causer le plus de destructions possible à la défense allemande le Jour J, un recours au bombardement naval est impératif, un renforcement de la flotte alliée est décidé. Un mois et demi avant le D-Day, 3 cuirassés, 2 croiseurs et 22 destroyers sont détachés à la hâte et s'ajoutent à l'armada.

Une partie du plan est loin de faire l'unanimité et provoque même une vive opposition du chef des forces aériennes expéditionnaires Leigh-Mallory. C'est la question de l'appui des troupes au sol par les divisions aéroportées. Ces unités bénéficient d'une telle aura depuis la fin de la Seconde Guerre mondiale et encore de nos jours que les réticences à les engager dans les combats du Jour J ont été passées sous silence ou oubliées. Dans la proposition d'Eisenhower, la 101e division de parachutistes américaine doit sécuriser l'arrière d'Utah Beach, non loin de la plage mais un peu plus dans les terres du département de la Manche. Leurs homologues de la 82e ont pour mission de sauter toujours dans la Manche à l'ouest de Coutances. Enfin, la 6e division aéroportée britannique doit au nord de Caen prendre le pont de Bénouville situé sur le canal reliant Caen à la mer, le pont de Bénouville sur le fleuve l'Orne et la batterie allemande de Merville-Franceville. Ces opérations seraient réalisées par des parachutistes ou des soldats qui atterriraient à bord de planeurs.

Le maréchal britannique Leigh-Mallory est très mécontent et très inquiet. Selon lui, ce plan est absurde et insensé. Les hommes sauteraient dans la gueule de l'ennemi, les zones sont jugées trop proches de l'adversaire. Les avions emmenant les troupes ne sont pas armés et pourraient être abattus sans coup férir. Les planeurs risquent de s'écraser à l'atterrissage car le sol n'est pas adapté. Enfin, si les hommes parviennent à se poser sur la terre ferme, Leigh-Mallory s'interroge : combien de temps pourront-ils tenir ? Et surtout comment pourront-ils rester sains et saufs dans une zone qui ne tardera pas à être bombardée par voie aérienne et navale ? Il prédit un massacre et n'approuve pas l'opération. Il dit non. Face à lui, le général Bradley en charge de l'armée américaine menace d'annuler le débarquement sur la côte est du Cotentin. Leigh-Mallory se tourne alors vers Montgomery et déclare : « Si le général Bradley insiste pour que l'on persévère, il devra assumer toute la responsabilité de l'opération. Je ne crois pas qu'elle réussisse. » Bradley répond du tac au tac : « Ceci me plaît tout à fait. J'ai l'habitude de prendre mes responsabilités. »

Après l'observation du renforcement de l'arsenal défensif allemand au sud de Cherbourg, il est décidé fin mai de faire sauter finalement la 82e division de parachutistes américaine non loin de la 101e avec pour objectif de prendre Sainte-Mère-Église considéré comme un carrefour important. Leigh-Mallory renouvelle son opposition à de telles opérations. Son inquiétude grandit à propos des planeurs. Selon lui, ils voleront tellement bas qu'ils seront des cibles faciles pour la DCA allemande. Il prédit 70 % de pertes pour les effectifs des planeurs. Il considère aussi risquée l'amplitude horaire des opérations prévues pour durer trois heures et craint la perte de l'effet de surprise. À quelques jours du débarquement, ces avertissements inquiètent Eisenhower. « Si les événements venaient confirmer ses prévisions, je porterais jusqu'à ma mort le fardeau insoutenable de la responsabilité d'avoir envoyé stupidement au sacrifice des milliers de soldats, la fine fleur de notre jeunesse », écrira-t-il plus tard dans ses mémoires.

Les plans d'Overlord avec les opérations aéroportées sont finalement présentés le 15 mai 1944 au collège Saint-Paul de Londres lors d'une réunion top secret à destination des personnages clés du Débarquement. En ce printemps 44, le froid est tellement perçant que les participants sont tous obligés de garder leur manteau. Si Eisenhower se montre confiant et Montgomery persuadé du succès d'Overlord, Churchill est quant à lui toujours méfiant.

Une fois le plan définitif présenté, reste un élément capital : le lieu, le jour et l'heure du débarquement ne doivent jamais être divulgués à quiconque.

Un secret bien gardé

L'état-major allié est très inquiet des fuites éventuelles du lieu et de la date du débarquement. 175 000 soldats des deux premières vagues d'assaut attendent en Angleterre et représentent autant de risques de diffusion d'informations. Tous ces combattants sont répartis dans des camps implantés sur une grande partie de la Côte Sud. Ils sont censés ne pas pouvoir en sortir avant le grand départ en vue du Jour J. Mais de nombreux militaires sont parvenus à s'octroyer une escapade nocturne en trompant la vigilance de leurs supérieurs. Le but de leur virée est très simple : une dernière étreinte avec leur petite amie, épouse ou fiancée et partager un dernier verre au pub. Ces situations représentent de nombreux dangers, une confidence à l'oreille de sa dulcinée, ou des langues qui se délient après quelques pintes. Même les gradés peuvent commettre une erreur. Par exemple, un général de l'aviation américaine a dévoilé la date initiale d'Overlord lors d'un cocktail dans un luxueux hôtel de Londres, le Claridge's. Conséquence : il est renvoyé *manu militari* dans son pays d'origine. L'état-major s'inquiète aussi de l'absence prolongée des reporters sélectionnés pour couvrir les événements du D-Day sur Fleet Street. C'est la rue des titres de presse britannique emblématiques, la disparition soudaine et longue des plus grandes plumes et de nombreux journalistes pourrait attirer l'attention, et la nouvelle de l'imminence de l'attaque se répandre.

Les autorités britanniques ont également pris des décisions importantes comme la mise sous embargo des communications des diplomates étrangers à partir du mois d'avril 1944. Leurs entrées et sorties du territoire sont contrôlées bien plus rigoureusement. Une des tâches les plus difficiles est le contrôle des espions allemands ou des agents travaillant pour l'Allemagne. Aucune information ne doit filtrer. À compter du printemps 44, la grande majorité d'entre eux avaient été retournés grâce à une stratégie britannique très bien orchestrée. L'objectif pour ces agents doubles est désormais de transmettre de fausses informations à leurs officiers supérieurs. Rumeurs, désinformation, inventions farfelues, tout est bon pour tromper l'ennemi. Au sommet de ce vaste réseau d'intoxication le «*XX Committee*», le «*Twentee Committee*» ou «Comité des Vingt». «Ce qui porterait à croire qu'il compte vingt membres. Ce n'est qu'un attrape-couillon à l'image de ce que ces *gentlemen* trafiquent!» selon les mots du célèbre officier des services secrets britanniques Bob Maloubier. Le plus étonnant est que ce symbole «XX» représente aussi une double croix de Saint André qui se dit «double cross» en anglais, et cette expression populaire en Angleterre signifie « faux jeton ». Cet organe de direction est composé de hauts fonctionnaires, d'officiers des trois armées et des services secrets. Cette tactique du retournement des espions fait partie intégrante du plan Fortitude destiné à faire croire aux Allemands et aux puissances de l'Axe que le débarquement n'aurait surtout pas lieu en Normandie. L'agent double le plus célèbre est certainement Juan Pujol, d'origine catalane appelé « Garbo » en mission. Il créa un réseau fictif de 27 sous-agents qui délivrent de fausses informations à la station allemande de renseignement située à Madrid. 500 messages tous plus erronés ou saugrenus les uns que les autres sont transmis les mois précédents le débarquement. L'objectif est de faire croire aux Allemands que l'offensive alliée prévue sur les côtes françaises se tiendrait sur les côtes du Nord-Pas-de-Calais. Toutes ces intoxications sont imaginées depuis Londres et envoyées sous forme de pièces de puzzle pour ne pas éveiller les soupçons. Un autre agent retourné au profit des Britanniques, une femme surnommée « Bronx », transmet un message codé à son officier traitant allemand basé à Lisbonne : « Envoyez vite cinquante livres. J'en ai besoin pour mon dentiste », cela signifie qu'un débarquement aurait lieu aux alentours du 15 juin dans le golfe de Gascogne. Craignant une opération amphibie en Bretagne, en conséquence, la Luftwaffe ordonne la destruction de quatre terrains d'aviation proches du littoral.

COMMITTEE
GIANNI

Fortitude.
La supercherie alliée

L'opération Fortitude est un vaste plan d'intoxication imaginé et organisé par les Alliés pour tromper l'adversaire et faire croire aux Allemands que le débarquement aura lieu soit dans le Pas-de-Calais, soit en Norvège ou même en Méditerranée.

Le plan Quicksilver est le plus célèbre. Il consiste à créer une armée factice dans le sud-est de l'Angleterre, dans la région du Kent. Les Allés ne manquent pas d'imagination. De nombreux tanks gonflables sont stationnés à ciel ouvert. Des avions et des pièces d'artillerie en bois sont répartis au bord des routes et dans les champs. De faux navires et 250 barges de débarquement sont rassemblés dans les ports. Non loin de Douvres, un complexe pétrolier est réalisé en carton-pâte. Les avions d'observation allemands approchent sans trop de difficultés la zone de ce décor de film d'action. La mise en scène est poussée à son paroxysme avec la simulation d'une importante activité radio, d'innombrables messages et signaux sont envoyés en permanence. Pour encore mieux duper l'ennemi, les stations radars allemandes de Dunkerque et Dieppe sont bombardées plusieurs fois.

L'autre partie du plan est appelée Skye, cette opération est beaucoup moins connue et pourtant recèle des informations étonnantes et croustillantes. Son but : convaincre les Allemands que l'assaut se déroulera en Norvège, dans la région de Trondheim. Là encore, une armée fictive, la Quatrième Armée britannique, est constituée et stationnée en Écosse. Le quartier général de cette armée d'opérette s'établit dans les oubliettes du château d'Édimbourg. À sa tête, un colonel emblématique : Rory McLeod, âgé de 52 ans et amputé d'une partie de son crâne suite à un éclat d'obus reçu en 1917 lors de la Première Guerre mondiale. Fort heureusement, son cerveau, en revanche, est demeuré intact. À ses côtés, pour mener à bien ce projet d'enfumage, une vingtaine d'officiers. La désinformation sera au cœur du dispositif. Environ cinquante émetteurs radio sont mis à leur disposition. Des milliers de messages sont échangés entre de nombreux opérateurs avec des codes facilement déchiffrables. Dans ces messages, sont évoqués des corps d'armée, des divisions aéroportées et blindées. Le plus cocasse sont les tracasseries logistiques pour simuler la préparation d'une action en Scandinavie, aux confins du nord de l'Europe. « La compagnie motorisée du 2e corps réclame ses carburateurs "grand froid" et "haute altitude" (...) J'espère depuis des semaines 10 000 couvertures polaires, ça vient ? (...)

La 80e division attend 1 800 paires de crampons pour glaciers et 1 800 paires de fixations Kandahar pour skis. (...) Le capitaine R.V. Smith du 10e Cameronians doit se présenter à l'école de ski d'*Aviemore.* » Les journaux sont aussi dans le coup. Des articles relatent des rencontres de football entre régiments, des bals où se retrouvent Anglais, Américains et Russes. Des histoires d'amour sont racontées et des mariages évoqués comme entre le capitaine John D. Donoghu du 15e corps US et l'auxiliaire de la RAF, Royal Air Force Penny Marshall. Tout ceci n'étant bien sûr que des balivernes sur toute la ligne.

Mais qu'en est-il de la réception de toutes ces inventions par les Allemands ? Pour en avoir la réponse, il faut pousser la porte du cabinet des cryptologues de Bletchley Park, le quartier général des services de renseignements britanniques, basé à 80 kilomètres au nord-ouest de Londres. Les spécialistes du cryptage et décryptage avaient mis au point à partir de mai 1944, un nouveau dispositif d'interception et de déchiffrage des messages allemands. Par exemple, un message décodé révèle que les Allemands sont convaincus de la présence d'une 4e Armée en Écosse et situe son quartier général aux alentours d'Édimbourg. Un autre message démontre que les Allemands sont persuadés qu'au moins une division s'équipe pour combattre en Norvège. Enfin, une autre transmission informe les Alliés que l'ennemi a effectué un exercice de défense dans l'hypothèse d'une invasion entre Ostende et

Boulogne. Le 2 juin 1944, les experts de Bletchley rédigent leur rapport : « Indices récents suggèrent que l'ennemi considère achevés tous les préparatifs alliés. S'attend à un débarquement initial en Normandie ou en Bretagne suivi d'une action principale dans le Pas-de-Calais. » Les Allemands sont tombés dans les pièges de Fortitude.

VOILÀ VOS SKIS POUR LE DÉBARQUEMENT EN NORVÈGE !!!
SILENCE C'EST TOP SECRET !
CHAUNU

Le sosie de Montgomery

Parmi les plans d'intoxication fomentés par les Alliés dans Fortitude, une opération est digne d'un film comique, autant fantasque dans son imagination qu'ubuesque et rocambolesque dans sa réalisation : Copperhead. Le but est de persuader les Allemands que les Alliés préparent un assaut d'envergure depuis le Bassin méditerranéen pour soit débarquer dans le sud de la France soit pour gagner la Grèce et les Balkans. Mais alors qui serait en mesure d'incarner le célèbre Monty pour une tournée des popotes imaginaire ? Le colonel Jarvis, membre du fameux Comité XX, est médusé par la ressemblance d'un lieutenant, Clifton James, avec Montgomery. Avant de rejoindre l'armée britannique, cet homme, né en Australie, était un acteur de seconde zone. Frustré de ne jamais avoir percé dans le cinéma, il avait un sévère penchant pour l'alcool et plus particulièrement pour le gin. Le voilà casté pour incarner un des plus grands généraux de l'état-major allié à quelques jours du débarquement.

Dans un premier temps, le lieutenant est appelé à Londres par le service cinématographique des armées pour une formation express. Il apprend les tics et les manières de Montgomery. Très vite, il parodie à merveille la voix et le léger bégaiement de Monty. Un uniforme taillé sur mesure lui est remis ainsi que divers accessoires : une montre à gousset, une canne, et des mouchoirs brodés aux initiales B.L.M. L'apprenti Monty doit aussi cesser de fumer et restreindre son penchant pour l'alcool, le général Montgomery a la réputation d'être sérieux, voire austère ou abstinent sur les vices ou les plaisirs de la vie. Mais le plus délicat provient de l'anatomie de l'acteur. Par le passé, il a perdu un doigt, une prothèse est donc réalisée dans les plus brefs délais.

Au soir du 25 mai 1944, le pastiche de Montgomery s'envole pour Gibraltar. Au petit matin, avant d'atterrir, surprise générale dans l'appareil : il sent l'alcool et le « Monty Bis » est incapable de se réveiller. Les généraux présents à bord tentent tout pour l'éveiller : eau froide, plusieurs tapes, ils l'exposent à l'air froid des bouches d'aération. Une fois debout, ils l'obligent à marcher dans l'allée centrale pour qu'il reprenne ses esprits et puisse mettre un pied devant l'autre le plus adroitement possible. Une fois l'avion posé sur la piste, il descend les marches de la passerelle et salue le gouverneur de Gibraltar sans trébucher au son de *« God Save The King »*. La tournée méditerranéenne peut commencer. Lors de la réception organisée par le gouverneur de Gibraltar, de nombreux Espagnols soupçonnés de travailler pour les services secrets allemands sont invités. Le vrai faux Montgomery évoque sciemment le « Plan 303 ». Le scénario est bien rodé car une fois ce nom de code évoqué, il se tait en jouant le rôle du haut gradé soucieux de respecter le devoir de réserve. La discrétion et le secret restent de mise, on ne sait jamais, au cas où quelques oreilles attentives et malveillantes seraient dans les parages. L'objectif est atteint, après les rapports de leurs agents, les Allemands s'empressent d'enquêter sur ce prétendu « Plan 303 ».

Le lendemain matin, il échange avec les petites mains de l'aéroport et prend avec eux le thé avant de décoller pour Alger. En Algérie, il est accueilli avec les plus grands honneurs. Des délégations britanniques, américaines et françaises le saluent. Il est escorté jusqu'à l'hôtel Saint George, sa résidence le temps de ce voyage officiel. Il enchaîne les réunions, les réceptions, les entrevues. Il apparaît même aux côtés de Wilson, chef suprême des forces alliées en Méditerranée. Le Tout Alger se réjouit d'avoir cet hôte de marque à la mission, sans aucun doute, éminemment importante. Tous les espions à la botte de l'Allemagne nazie ne pouvaient que constater l'omniprésence de cette figure emblématique de l'état-major allié. La supercherie est une parfaite réussite. Les Allemands décident de maintenir dans le sud de la France la 19e Armée. Une force ennemie de moins sur les côtes normandes.

le Grand Bluff
PATRICK SÉBASTIEN N'A RIEN INVENTÉ !
CHAUNU

L'incertitude côté allemand

« Si j'étais Montgomery, j'attaquerais dans le Pas-de-Calais. » Cette déclaration est signée par le maréchal Gerd von Rundstedt, commandant en chef à l'Ouest des forces terrestres de l'armée allemande. Quand il formule cette remarque, il n'est pas contredit par les principaux généraux allemands. Tout semble laisser croire que l'attaque de la « forteresse Europe » se fera à l'Ouest par les côtes du nord de la France. En décembre 1943, cette position est partagée par Rommel quand il devient commandant du groupe d'armée B allemand, c'est-à-dire des unités terrestres qui s'étendent de la Loire aux Pays-Bas. Une fois promu à ce poste clé, il n'aura de cesse de tenter de renforcer par tous les moyens le Mur de l'Atlantique et pas seulement sur la partie nord de la France occupée. Après une première mission d'inspection sur le littoral occidental de l'Europe, la Normandie fait partie des régions visitées, il juge les installations insuffisantes. Durant l'hiver 1943-1944 et jusqu'au printemps 44, il fait construire 4 000 ouvrages supplémentaires. Sur les côtes du Calvados et sur la façade est du Cotentin, 200 nouveaux blockhaus sont bâtis.

Rommel ne s'arrête pas aux infrastructures côtières. Selon lui, tout se jouera sur les plages. Pour repousser l'assaut de l'ennemi, il faut truffer le sable et les terres environnantes d'obstacles défensifs plus redoutables les uns que les autres et accroître le nombre de mines. L'« ouvre-boîte » est disposé sur les plages et a pour objectif d'éventrer le fond des barges. Il est constitué d'un tronc d'arbre parfois doté de lames d'acier ou de dents de scie dont l'une des extrémités est posée sur un trépied ou un pieu incliné. Rommel en personne prend son crayon et dessine le fameux « casse-noisettes. », un dérivé de l'« ouvre-boîte ». Il ajoute une poutrelle sur le tronc d'arbre et entre les deux une ou plusieurs mines. L'idée est maléfique, l'embarcation s'approche, fait pression sur la poutrelle et engendre l'explosion. Toujours pour endommager le fond des péniches de débarquement, des pyramides à base triangulaire faites de barres d'acier ou de béton armé appelées « tétraèdres » sont installées sur le sable. Autres défenses emblématiques : les « hérissons tchèques ». Ce sont souvent trois poutrelles métalliques soudées en leur centre. Le tout repose sur une base en béton pour les stabiliser sur le sable. À l'origine ce dispositif était utilisé sur les champs de bataille pour ralentir et empêcher la progression des chars. Pour stopper les soldats alliés, des blocs de béton surnommés « dents de dragon » sont plantés sur les plages. Pour les empêcher de gagner les terres, des murs sont érigés, des fossés antichars sont creusés et des barbelés étirés. Des mines sont aussi mises en place pour constituer ce que les Allemands appellent « les jardins du diable. » De janvier à juin 1944, le nombre de mines passe de 650 000 à 1 700 000 de la Loire à la Dives.

Rommel craint aussi une invasion par les airs et l'arrivée de parachutistes. Les « asperges de Rommel » poussent comme des champignons dans les champs proches du littoral. Ces pieux en bois sont plantés par des Allemands, mais aussi par des prisonniers ou des civils réquisitionnés. Certains s'amusent à mal les enfoncer dans l'espoir qu'ils tombent lors d'un coup de vent. Beaucoup de Normands voient fleurir avec étonnement ce qu'ils appellent « les asperges à Rommel ». Rommel n'hésite pas non plus à inonder de nombreux marais pour prendre au piège les parachutistes. Dans le Calvados, les marais de la Dives et du Bassin sont concernés tout comme ceux de la Douve et du Merderet dans la Manche.

Les semaines passent et la conviction d'un débarquement allié dans le Nord-Pas-de-Calais demeure dans les esprits des hauts gradés allemands. Mais Hitler, Führer et commandant suprême des forces armées, n'est pas de cet avis. En mars 1944, Hitler est entouré des plus grands généraux allemands à Berchtesgaden dans les Alpes bavaroises. C'est la stupéfaction. À la surprise générale, il se dit persuadé que le débarquement allié aura lieu soit en Bretagne, soit en Normandie et plus précisément dans le Cotentin. L'intuition du Führer a encore frappé et contredit toutes les vraisemblances militaires et observations ou informations en possession de l'état-major allemand. Persuadé d'une offensive à l'Ouest, Hitler réclame l'envoi de renforts allemands sur les côtes occidentales de la France. Rommel n'en revient pas. Il doit redoubler d'efforts pour consolider les systèmes de défense et accroître les divisions sur cette zone. Il doit faire vite, un assaut anglo-américain est imminent.

Au-delà de renforcer ce qu'il a déjà entrepris, Rommel parvient à obtenir le transfert de divisions. Par exemple, l'une d'entre elles arrive de Reims et se fixe dans la Manche entre La Haye-du-Puits et Bricquebec. Un détachement arrive de Bretagne. La célèbre 21e Panzerdivision se poste entre Caen et la mer au sud-est de la capitale du Calvados. D'autres mouvements de troupes sont opérés pour améliorer la défense allemande dans les terres et repousser l'ennemi en cas d'attaque. Toutes les demandes de Rommel ne sont pas prises en compte. La 12e division blindée SS Hitlerjugend ne sera jamais envoyée en Normandie. Sa requête d'un renfort de défense antiaérienne ne sera pas non plus prise en compte, comme son souhait d'une brigade de lance-roquettes, ou la pose de mines en baie de Seine.

En mai 1944, un mois seulement avant le Débarquement, Rommel se rend en Normandie pour inspecter les infrastructures et faire le point sur les troupes stationnées. Accompagné de son conseiller naval l'amiral Friedrich

Ruge, il sillonne les départements du Calvados et de la Manche. Ils sont informés d'une activité intense de l'aviation alliée dans le Cotentin et au-delà des deux rives de l'Orne. Des attaques ont touché le secteur de Carentan, la batterie de Ouistreham Riva-Bella a subi des bombardements massifs mais a résisté. Ils sont rassurés car les structures en dur tiennent le choc. Ils se réjouissent des installations de la batterie de Longues-sur-Mer et d'un PC implanté dans la roche à Cherbourg. Rommel est détendu, il est invité à dîner par un général allemand à Saint-Lô. La soirée est plaisante. Rien ne laisse présager que dans moins d'un mois, le calme et l'opulence des soirées mondaines en territoire normand occupé ne sera plus qu'un lointain souvenir.

Les Américains en Angleterre
Un premier débarquement

Avant de débarquer sur les côtes françaises, encore faut-il transférer d'Amérique du Nord vers l'Angleterre le matériel et les troupes nécessaires. Une fois la bataille de l'Atlantique remportée par les Alliés contre les sous-marins allemands à l'automne 1943, les convois peuvent naviguer et arriver à bon port avec beaucoup plus d'assurance.

En mai 1944, en seulement un mois, près de 2 millions de tonnes d'équipements, de vivres, d'armes et de munitions en provenance des États-Unis et du Canada sont transportées et débarquées en Angleterre. Cet approvisionnement est multiplié par trois par rapport aux mois du printemps 43. Concernant les effectifs, à partir de janvier 1944, 150 000 hommes arrivent tous les mois en Grande-Bretagne. C'est le plan Boléro, un vrai ballet de navires ou de paquebots réquisitionnés avec à leur bord les futurs Libérateurs. Pour le seul mois d'avril 1944, 216 000 hommes d'Amérique du Nord sont arrivés sur le sol britannique. Au début du mois de juin 1944, ils sont

1 670 000 à attendre le Jour J. Ils sont installés soit dans d'anciennes casernes soit dans des bases provisoires. Les Anglais, civils ou militaires, doivent vivre avec ces frères venus de l'autre côté de l'Atlantique. Certes ils parlent la même langue mais les mœurs et les façons de vivre sont bien différentes. Conscient de ce bouleversement démographique soudain, le général américain Bradley, commandant de la 1re armée américaine pour Overlord, parle même d'« invasion yankee ».

Beaucoup de soldats américains ont à l'esprit des stéréotypes sur les Britanniques, habitants de la vieille Europe, d'un vieux pays, où les us et coutumes sont ringardes et snobs. Pour s'intégrer au mieux en Grande-Bretagne et entretenir des relations amicales avec leurs cousins européens, les GI's ont reçu du War Office de Washington quelques recommandations comme éviter d'être trop expansif et tactile. La règle de la conduite à gauche est bien sûr énoncée. Pour prévenir les déceptions ou les réactions d'écœurement, les soldats américains sont mis en garde : les Britanniques « ne savent pas faire du bon café » et ils peuvent « boire de la bière chaude ». De leur côté, les Britanniques regardent d'un drôle d'œil les soldats américains. Un reporter pour un journal de Bristol relate dans un article certains propos entendus ici ou là : les soldats Américains seraient « *Overpaid, oversexed, and over here* », c'est-à-dire, « trop payés, trop portés sur le sexe et trop présents chez nous ». Il est vrai que les GI's étaient rémunérés au moins deux fois plus que leurs camarades britanniques et aiment dépenser leur argent pour quelque temps de plaisirs intimes.

Il ne faut pas pour autant occulter les excellents rapports entretenus aussi entre Britanniques et Américains. Plus les soldats américains arrivent tôt et restent longtemps en Angleterre, plus leurs relations avec les Britanniques sont bonnes. Il n'est pas rare de voir des familles de Grande-Bretagne inviter des soldats américains pour le repas du dimanche. En décembre 1943, des militaires canadiens et américains organisent dans leur caserne des arbres de Noël pour des jeunes Anglais. Des échanges entre unités sont aussi créés pour permettre aux soldats américains de découvrir le mode de vie de leurs frères d'armes britanniques.

Une question sociale centrale était aussi difficile pour les autorités britanniques : la ségrégation. À la fin de l'année 1942, les soldats noirs américains représentent 7,4 % des effectifs de l'armée de terre des États-Unis. Les autorités

américaines entendent bien exporter en Grande-Bretagne la ségrégation, ce qui n'est pas du tout en accord avec les principes des Britanniques. Ces derniers s'opposent à toutes formes de discrimination et ne souhaitent pas distinguer les individus en fonction de leur couleur de peau. Enfin d'un point de vue pragmatique, il semblait compliqué d'ajouter à l'afflux massif de soldats étrangers, le dédoublement des infrastructures pour séparer les soldats noirs des soldats blancs. La Grande-Bretagne prend position officiellement et affirme veiller « à ce qu'aucun acte discriminatoire à l'égard des troupes de couleur ne soit le fait d'une quelconque autorité britannique ». En réalité, cette problématique est très délicate à gérer pour la Grande-Bretagne. Londres ne souhaite pas se mettre à dos son précieux allié. Pour que la situation reste sous contrôle tout en gardant l'image d'une Grande-Bretagne fière de ses principes, les Britanniques agissent en coulisse. Il est convenu tout d'abord que la part des soldats noirs sur le territoire britannique ne dépassera pas 10 %. Dans la vie quotidienne, les Noirs sont en réalité mis de côté. Lors de rencontres sportives ou amicales autour d'un verre entre Britanniques et Américains, les Noirs ne sont pas invités. Certains bars ou dancings sont réservés aux Noirs, d'autres aux Blancs. Et s'il n'y a pas assez d'établissements, un roulement est mis en place pour que les Noirs et les Blancs y accèdent chacun leur tour. Il est arrivé que des GI's trop soûls souhaitent organiser des « chasses aux nègres ». Parfois, des bagarres éclatent entre Noirs et Blancs, selon les rapports, les provocations proviennent des deux côtés.

Livret de bonne conduite pour les Libérateurs

Avant de partir sur le front et d'embarquer sur les barges et navires, les soldats alliés ont en leur possession un livret d'instructions pour éviter tout impair quand ils rencontreront les populations libérées. Il est distribué quelques jours avant les opérations et beaucoup de soldats l'emportent avec eux dans leur paquetage du Jour J. Ce manuel de savoir-vivre doit permettre aux soldats britanniques de se comporter au mieux avec les civils français, et en premier lieu, normands. Il doit les aider à comprendre la France et les Français.

Les soldats britanniques connaissent-ils bien les Français, celles et ceux qu'ils doivent libérer ? Leurs Alliés de la Première Guerre mondiale, mais aussi leurs ennemis jurés durant de nombreux siècles emmenés par des souverains charismatiques, de Guillaume le Conquérant à l'empereur Napoléon Ier, en passant par les rois de France. Les deux peuples et leurs dirigeants s'observent, s'affrontent ou s'unissent, et même se moquent depuis tant de décennies. Les relations tumultueuses entre Churchill et de Gaulle durant toute la Seconde Guerre mondiale incarnent un nouveau chapitre de cette histoire franco-britannique où s'entremêlent amitié et méfiance.

En plus de proposer un lexique d'expressions et de vocabulaire essentiels à la transposition phonétique approximative, une conversion des unités de poids et de mesures, le plus intéressant et amusant réside dans les considérations des Britanniques à l'égard des Français. À commencer par l'histoire. Dans un chapitre intitulé « Les Normands et les Anglais », les soldats britanniques pouvaient lire : « Les longues guerres contre l'Angleterre et les invasions récurrentes que nous menâmes en France n'ont laissé aucun ressentiment de la part des Français, qui ne nous reprochent rien, sauf peut-être d'avoir brûlé Jeanne d'Arc. »

Au-delà des analyses historiques bien subjectives, le manuel a pour mission de préparer le soldat britannique aux mœurs, coutumes et traditions gastronomiques françaises. Dans la partie consacrée à « La vie dans le pays libéré », le militaire peut se réjouir : « Vous constaterez partout en France à quel point la bonne cuisine transforme les aliments les plus simples. » En revanche, côté boisson, une petite déception sans doute : « Le thé, que les Français boivent peu, est introuvable. » Mais pour affronter la dure réalité des combats et la météo capricieuse, l'alcool pouvait être un meilleur réconfortant et cette fois-ci, le livre est sans équivoque : « Le vin, l'alcool et, dans le nord, le cidre brut, sont les boissons de base. (...) Si on vous offre du vin ou de l'alcool, n'oubliez pas que ces boissons sont plus fortes que celles auxquelles vous êtes habitués. »

Plusieurs lignes sont aussi consacrées aux femmes françaises et prennent la forme d'avertissements. Ils font voler en éclat quelques clichés bien ancrés : « S'il vous arrive de croire que la première jolie Française qui vous sourit se propose de danser le *French Cancan* ou de vous inviter dans son lit, vous risquez de vous attirer de gros ennuis et vous compromettez les relations franco-britanniques. »

Enfin, l'esprit critique, trait de caractère emblématique des Français, selon les Britanniques, est présenté en ces mots : « Un uniforme ou un règlement provoquent chez eux une même réaction indéfectible : plutôt que d'obéir aveuglément, ils mettent la loi en doute et ne manquent pas de la critiquer s'ils l'estiment inutile. »

Personne n'est en mesure de savoir l'impact réel de ce livret sur les consciences des soldats britanniques, ni son utilité. Les jours et les heures précédant le Débarquement et la bataille de Normandie, les combattants avaient sans doute d'autres préoccupations : penser à leurs familles, aux missions, aux équipements, à la vie, à la mort. En revanche, l'édition de ce document préparé par *The Political Warfare Exécutive* révèle un souci de veiller au mieux aux relations entre les civils et leurs libérateurs anglais. Et qui sait, une fois en Normandie, ce petit manuel dans la poche a peut-être permis à de jeunes soldats anglais de nouer des liens particuliers avec des Normands ou des Normandes et de démêler des situations délicates.

La météo capricieuse
L'alliée des Alliés

Et si les mauvaises conditions météorologies autour du 6 juin 1944 avaient été finalement une chance pour les Alliés ? Longtemps présentée comme un élément embarrassant, pénible et à l'origine du report du Débarquement, la dégradation du climat quelques jours avant l'opération Overlord a permis aux Alliés de surprendre les Allemands.

À la fin du mois de mai 1944, dans le sud de l'Angleterre, des températures allant jusqu'à 38 degrés sont enregistrées. À quelques jours du Jour J, c'est donc la canicule outre-Manche. Mais tout va changer quelques jours plus tard. L'équipe en charge des bulletins météorologiques va connaître quelques sueurs froides. Cette formation de prévisionnistes est attachée au quartier général d'Eisenhower. Le docteur James Stagg est à la tête du groupe. Cet Écossais, fin et très élancé, à la moustache soigneusement taillée, est entré dans l'histoire pour avoir conseillé à Eisenhower de reporter le débarquement. James Stagg provient de la société civile, il est nommé en 1943 colonel dans la RAF, grade et statut qui lui permettent d'être respecté par les militaires peu enclins à recevoir des ordres d'un civil. Dès le mois d'avril 1944, Eisenhower demande à Stagg et à ses hommes d'éditer chaque lundi des bulletins météo sur trois jours. Pour s'assurer de la qualité du service, le général Eisenhower oppose ensuite ces informations à la réalité climatique. À partir du jeudi 1er juin 1944, les prévisions météorologiques annoncent de fortes dépressions sur l'Atlantique Nord et une forte dégradation à partir de la fin de semaine. Le débarquement est pourtant fixé au lundi 5 juin 1944. Mais les analyses des stations météo américaines et anglaises ne sont pas concordantes. Or, l'enjeu est de taille. Le vendredi 2 juin, les navires de guerre doivent appareiller depuis *Scapa Flow*, au large de la pointe nord de l'Écosse. Dans le sud de l'Angleterre, l'embarquement des 130 000 combattants de la première vague d'assaut est entré dans sa première phase et doit se poursuivre pendant deux jours. Une question taraude les esprits : quel impact un report de l'opération pourrait-il avoir sur le moral des troupes prisonnières de leur barge de débarquement par gros temps ? À cela s'ajoutent les craintes d'un ciel bas et d'une couverture nuageuse épaisse et sombre. Ce paramètre pourrait empêcher les forces aériennes et navales de mener à bien leur mission de destruction des défenses côtières allemandes. Au soir du jeudi 1er juin, James Stagg juge la situation en ces mots : « complexe et difficile ». Le lendemain, tout au long de la journée les expertises météorologiques se contredisent toujours. Avant d'entrer à 21 h 30 dans la salle de conférences pour une réunion présidée par Eisenhower, James Stagg décide d'écouter son instinct et d'écarter les hypothèses optimistes de ses confrères américains. Il présente la situation en ces termes : « potentiellement lourde de menaces ». La décision de reporter le débarquement à titre provisoire sera finalement prise par Eisenhower le samedi 3 juin et confirmée le dimanche 4 juin. Une forte houle, des vents violents de force 6 et une couverture nuageuse dense et basse sont prévus pour le 5 juin.

James Stagg vit ces premiers jours de juin 1944 avec une angoisse particulière. Au fil des jours, les cieux semblent contredire toutes ses analyses, le ciel est limpide et le vent faible. Mais à partir du dimanche après-midi, la situation évolue et un temps perturbé s'installe. Après avoir affronté le scepticisme et les sarcasmes de plusieurs hauts gradés, après avoir douté de son propre travail, ses prévisions s'avèrent exactes. James Stagg ressent même une légère satisfaction à la vue des nuages qui s'amoncellent. Puis vient l'élément clé pour une surprise totale : la légère accalmie du 6 juin. Malgré des conditions loin d'être optimales, Eisenhower décide de lancer l'assaut. Les Allemands ne sont pas informés de cette amélioration météo. Ils ne disposent pas d'équipements de prévision assez performants. Face au mauvais temps, ils sont persuadés qu'aucun débarquement n'aura lieu. Ils n'envoient pas les habituelles patrouilles de reconnaissance maritimes ou aériennes dans la nuit du 5 au 6 juin. De plus, la majorité des radars ont été endommagés par les bombardements. Les Allemands ne détectent pas les milliers de navires qui traversent la Manche. Le général américain Bradley déclarera plus tard : « Ce tournant capricieux du temps fut notre cheval de Troie. »

Les paras américains Plus motivés que jamais !

La Libération viendra tout d'abord du ciel dans la nuit du 5 au 6 juin 1944. Les premiers soldats alliés à combattre sur le sol normand sont les parachutistes dont les Américains des 101e et 82e US Airborne. L'attente de ces combattants en vue du Jour J est digne des scénarios des films hollywoodiens. Tout d'abord, le décor : tous sont répartis dans des hangars d'aviation situés dans les aérodromes d'où ils décolleront pour le grand saut. Ils dorment sur des lits de camp disposés en enfilade et formant de gigantesques dortoirs. Ils y passèrent cinq jours. Les 7 500 hommes de la 82e sont stationnés aux alentours de Nottingham. Les 6 900 hommes de la 101e sont à l'ouest de Londres. Les récits et témoignages des jours précédant le Jour J dans ces lieux hors normes sont passionnants. Le premier réflexe de ces soldats était de vérifier à plusieurs reprises leur équipement et en premier lieu leur parachute principal et celui de secours. À l'intérieur de leur casque, certains collent une photo de famille ou de leur amour. En plus de démonter et préparer maintes et maintes fois leurs armes, plusieurs paras affûtent les couteaux de commando achetés quelques jours auparavant. Pour se préparer aux corps-à-corps avec l'ennemi dans la campagne normande au cœur de la nuit, ils avaient appris dans leur formation à trancher en silence le larynx et la veine jugulaire de l'adversaire. Plusieurs parachutistes avaient dû au cours d'un exercice ramper au beau milieu d'entrailles sanglantes de cochons. Dans ces hangars, les distractions principales sont d'écouter la radio ou de la musique, de regarder des films humoristiques. Miser de l'argent en jouant aux dés ou aux cartes est aussi très répandu. Un homme qui a remporté 2 500 dollars décida de tout rejouer jusqu'à tout perdre. Il est persuadé que partir au combat avec cet argent lui porterait malheur. Côté nourriture, au-delà des steaks frites, beignets ou glaces à l'américaine, beaucoup se mettent à apprécier le *fish and chips « so british »*.

Pour galvaniser les troupes, les officiers supérieurs doivent savoir trouver les mots justes. Le chef du 501e régiment d'infanterie de la 101e division aéroportée prononce un discours sans retenue. Le colonel Johnson, surnommé « Jump », car il a l'habitude de vouloir sauter de tout objet volant, pénètre dans le hangar sur sa Jeep. Du haut du podium de gymnastique, sa silhouette est reconnaissable par son allure à nulle autre pareille. Il porte à sa taille des revolvers à crosse de nacre. Après quelques mots proclamés aux 2 000 soldats de son régiment, il s'excite soudainement et brandit au-dessus de sa tête un couteau de commando impressionnant décoché de sa botte. Il déclare en hurlant : « Avant qu'une nouvelle aube se lève, je veux plonger ce couteau dans le cœur du nazi le plus vicelard, le plus salopard et le plus dégueulasse de toute l'Europe. » Il est alors acclamé par tout son régiment et tous les combattants pointent leur couteau vers le toit du hangar. Un officier de la 82e Airborne joue la carte de l'angoisse : « Regardez le type qui est sur votre droite et regardez le type qui est sur votre gauche. Sur vous trois, il n'en restera qu'un après la première semaine en Normandie. » À l'inverse, les formules sobres du général de brigade Jim Gavin contrastent avec la véhémence de ses camarades : « Soldats, ce que vous allez vivre dans les quelques jours qui viennent, vous ne voudrez pas l'échanger pour un million de dollars, mais vous ne voudrez pas le revivre très souvent. » Après avoir été harangués de la sorte, la motivation de l'immense majorité des parachutistes américains est perceptible. Pour maintenir un certain ordre durant cette interminable attente, les officiers sont obligés de menacer leurs propres soldats de ne pas sauter le jour du débarquement s'ils ne restent pas disciplinés. Enfin, au regard de l'importance et de la dangerosité des missions, le commandant suprême de l'état-major des forces expéditionnaires alliées, Eisenhower, tient à saluer en personne les parachutistes de la 101e avant l'embarquement et le décollage. En coulisse, certains hauts gradés prédisent une mort certaine à la majorité de ces soldats.

Eisenhower se rend à Greenham Common. Les échanges avec les soldats sont décrits comme chaleureux et teintés de simplicité. Après les derniers encouragements, il est temps de décoller pour aller libérer la Normandie et l'Europe.

Deuxième partie

Le Débarquement et la bataille de Normandie

En vol pour la Normandie

La nuit est tombée sur l'Angleterre et la France quand les célèbres avions C-47 traversent par centaines la Manche, après avoir décollé aux environs de 23 heures, et s'approchent des côtes normandes transportant au cœur de leur vibrante carlingue les premiers combattants du Jour J. Ce sont les parachutistes américains de la 82e et 101e US Airborne et de la 6e division aéroportée britannique.

Parmi les 1 200 Douglas C-47 Skytrain sillonnant les airs cette nuit-là, nombreux sont ceux qui ont été customisés par des aviateurs ou des parachutistes. L'une des illustrations les plus marquantes est celle d'un diable tenant un plateau avec, assise dessus, une séduisante jeune femme en maillot de bain et cette phrase l'accompagnant : « Le ciel peut attendre. » Si ces avions sont surnommés les « albatros » par les paras, certains se sont amusés à les baptiser en leur donnant de jolis petits noms à l'exemple de « Miss Carriole » pour un engin peu attrayant. Les C-47 ont tous un point commun qui ne rassure guère les parachutistes : des bandes blanches et noires peintes à la hâte quelques jours avant le Jour J. Ces décors réalisés *in extremis* doivent permettre aux navires de la flotte alliée de les repérer afin d'éviter toute bavure. Mais bon nombre de paras craignent que ces motifs ajoutés permettent aux Allemands de les identifier plus facilement et les transforment en cible facile.

À l'intérieur de ces appareils, les visages des parachutistes sont grimés de bandes de peintures blanches et surtout noircis avec de la suie, du cirage. Sous les casques recouverts d'un filet de camouflage, plusieurs paras américains ont une coiffure des plus fantasques. Alors qu'il est habituel de partir au combat le crâne rasé pour soigner plus facilement les éventuelles blessures à la tête, certains Américains ont conservé une bande de cheveux au centre du crâne, empruntant cette coiffure traditionnelle aux Mohicans.

Chaque parachutiste porte sur lui plusieurs dizaines de kilos d'équipement, ce qui n'est pas sans inquiéter les pilotes qui voient la charge de leur appareil considérablement alourdi. Les combattants ont en premier lieu sur eux les armes fournies par l'armée ou leurs armes personnelles : fusils pour tous, mitraillettes ou bazookas pour certains. Les nombreuses munitions sont croisées sur le torse. Ils emmènent également avec eux un incroyable barda. Une trousse de secours est attachée à l'arrière du casque. Dans les boîtes à cartouches, une grenade de première nécessité côtoie des tablettes de chocolat, des chaussettes et sous-vêtements de rechange.

Tout ce bazar tend à déborder obligeant les militaires à serrer au maximum sangles ou lacets. Une petite sacoche accrochée autour du cou contient quelques feuilles de papier toilette, cigarettes et briquets, tablettes de purification d'eau et même un kit d'évasion composé d'une boussole, d'une somme d'argent, d'une carte et d'une lame de scie à métaux. Enfin, chaque parachutiste a plusieurs *leg bag*, c'est-à-dire des sacs accrochés aux jambes tout aussi remplis. C'est avec tout ce stock de quincaillerie, épicerie, armurerie, réparti sur l'ensemble du corps que ces braves soldats doivent sauter coûte que coûte. Tomaso William Porcella du 508e régiment d'infanterie aéroportée de la 82e US Airborne témoigne : « Un soldat demanda au sergent s'il était vrai qu'il avait reçu ordre d'abattre tout homme qui refuserait de sauter. "Ce sont les ordres qu'on m'a donnés." Il dit cela si doucement que tout le monde devint silencieux. »

Quelle est l'ambiance à bord pendant les minutes qui précèdent l'assaut ? Les comportements peuvent varier en fonction des unités et des hommes qui les composent mais aussi des officiers qui les dirigent. Sans surprise, plus les côtes normandes se rapprochent, plus le silence règne dans les avions. Bientôt, le vrombissement des moteurs rugissants des Dakotas et le souffle du vent remplacent les voix des hommes.

VOILÀ ! MAINTENANT JE SUIS PLUS LÉGER
US

Cap sur la Normandie

Le 5 juin 1944, plus de 5 300 navires se dirigent vers la Normandie. L'imposante armada alliée est constituée de navires de débarquement, de dragueurs de mines, cuirassés, destroyers, croiseurs, canonnières et monitors. La majeure partie de la flotte est britannique et canadienne. La Royal Navy et la Royal Canadian Navy représentent près de 80 % des navires de guerre et l'US Navy, un plus de 15 %. D'autres pays comme la France, la Grèce, la Norvège, le Danemark, la Pologne et les Pays-Bas constituent à peine 5 % de l'armada. À bord, 195 000 hommes d'équipage et 136 000 soldats alliés attendent le Jour J et l'Heure H. Tous ces navires convergent vers un point de la Manche situé au sud de Southampton, Portsmouth et de l'île de Wight. Le nom donné à ce point de rassemblement est Picadilly Circus en référence à la mythique place londonienne célèbre pour son trafic incessant et ses nombreux embouteillages.

Alors que beaucoup de soldats se demandent s'ils vivent leurs dernières heures, pour donner un peu de baume au cœur et accompagner cette incroyable armada, le légendaire *piper* Bill Millin joue avec sa cornemuse *The Road to the Isles* à la proue d'un des navires de débarquement. Sa musique comme son accoutrement marquent les esprits. Il est en kilt avec un haut qui ressemble plus à une tenue de combat qu'à un costume traditionnel. Dans les bateaux, les fantassins trouvent le temps long. Beaucoup de Britanniques inquiets de ne plus jamais revoir leur terre natale, serrent dans leur main le galet ramassé sur une des plages du sud de l'Angleterre avant l'embarquement pour le D-Day. Pour s'occuper, beaucoup de soldats américains jouent au poker ou aux dés. De nombreux soldats alliés écrivent aussi une dernière lettre à leur dulcinée ou à leur famille pendant que d'autres tentent d'apprendre quelques rudiments de langue française grâce au petit guide distribué quelques heures auparavant. Surtout, ils ne cessent de regarder les photographies de celles et ceux qui sont si chers à leur cœur en espérant que ces êtres tant aimés les protégeront lors de l'assaut. Pour beaucoup, les dernières heures avant le débarquement sont aussi l'occasion de prier. Certains lisent la Bible ou participent à de courts offices. Sur le navire anglais *Princess Ingrid*, les hommes de la 50e division sont présents lors de la messe célébrée sur le pont supérieur. À la proue, un aumônier militaire s'apprête à commencer l'office devant une table recouverte d'une nappe blanche en guise d'autel. Soudain, le vent se lève, s'engouffre sous le tissu blanc et fait valdinguer le crucifix. La croix est catapultée sur le pont et se brise sous le regard effrayé des soldats. Il n'en fallait pas moins pour inquiéter davantage les troupes. Les hommes voient en ce fâcheux incident un très mauvais présage. La météo capricieuse du Jour J avec la houle et le vent n'est pas le seul facteur déstabilisant voire démoralisant. Certains combattants ne peuvent même pas compter sur leurs supérieurs pour les rassurer à l'exemple du colonel Charles D. Canham. En direction d'Omaha, le commandant du 116e régiment d'infanterie ne cache pas son défaitisme et tient à partager ses hypothèses avec ses hommes selon lesquelles deux soldats sur trois ne s'en sortiront pas. Sur un autre navire, un supérieur britannique se distingue aussi par son manque de finesse psychologique et déclare à ses troupes : « Ne vous inquiétez pas si vous ne survivez pas à l'assaut, car nous avons de nombreuses troupes de soutien qui interviendront juste après vous. »

Après une heure du matin, vient le temps du petit-déjeuner. La nourriture distribuée comme les quantités varient en fonction du corps d'armée. Les Britanniques n'offrent le plus souvent qu'un sandwich au corned-beef et un petit coup de rhum. À l'inverse, sur certains navires, les Américains proposent en grande quantité des steaks, du poulet, des saucisses, des beignets, du café, des glaces et des sucreries. Pour les officiers, la Royal Navy ne déroge pas au protocole et accueille les gradés avec une table dressée recouverte d'une nappe blanche. À bord d'un navire de commandement, un steward demande même aux convives ce qu'ils désirent choisir pour le repas. À peine leur breakfast avalé, les GI's des premières vagues d'assaut doivent enfiler un vêtement qu'ils sont bien heureux de ne pas avoir revêtu avant leur festin. L'odeur qui en émane a de quoi couper l'appétit. Ces vêtements sont surnommés « les tenues putois », ils sont imbibés d'une substance chimique qui a pour but de protéger des effets des gaz toxiques. Pendant que les premiers combattants se préparent ou que les officiers et les troupes d'assaut déjeunent sur une mer agitée, les parachutistes sont déjà entrés en action.

Les parachutistes
Les premiers hommes du Jour J

Les parachutistes ont une mission capitale : avant l'arrivée de l'armada alliée, ils doivent se positionner à l'est et à l'ouest de la zone du futur débarquement. L'objectif est d'empêcher d'éventuelles contre-attaques allemandes. Ils n'ont que quelques heures pour atteindre leurs objectifs. Les troupes alliées doivent débarquer sur le sol normand à l'aube. Les premiers paras sont largués dans le ciel de France peu après minuit dans les premières minutes du 6 juin 1944.

À l'Est : la 6e division aéroportée britannique

Le plus à l'Est, la 6e division aéroportée britannique doit réussir trois opérations. La prise intacte des ponts de Bénouville, futur Pegasus Bridge et Ranville est essentielle car les soldats alliés devront les emprunter pour poursuivre leur avancée. Ce sont les deux seuls points de passage au nord de Caen. Assurer un positionnement sur ces deux ponts permet de s'assurer que l'ennemi ne les détruise pas. Le premier pont enjambe le canal qui relie Caen à la mer et

D-Day

le second est situé sur l'Orne, fleuve qui se jette à hauteur de Merville-Franceville. Cette dernière commune abrite une batterie allemande de défense redoutée par les Alliés. Les canons pourraient atteindre la plage de Ouistreham lors du débarquement. L'autre objectif des troupes de la 6e division aéroportée britannique est donc de prendre et neutraliser la batterie de Merville. Enfin, les dernières cibles pour les parachutistes sont plusieurs ponts sur la Dives, autre rivière un peu plus à l'est du secteur britannique de Sword Beach.

Dans cette nuit décisive du Jour J, une seule opération va en réalité se dérouler comme prévu : c'est l'opération « Coup de main » qui pourrait être rebaptisée de nos jours « Coup de maître ». Elle se caractérise par la prise des ponts de Bénouville et de Ranville. Il est aux alentours de minuit quinze quand le major John Howard et les 180 hommes du 2e bataillon Ox and Bucks sont largués à bord de leurs six planeurs faits de bois et de toile. Dans leur descente infernale, les planeurs sont freinés par des parachutes mais ils n'ont qu'un effet limité, le premier planeur atterrit à plus de 100 km/h. Le choc est si brutal que le major Howard pense avoir été fatalement atteint. Il ne voit plus rien et craint être devenu aveugle. Puis c'est le soulagement, son casque s'est juste enfoncé jusqu'aux yeux avec la violence de l'impact, sa tête a tapé sur le plafond de son avion de fortune. Lui et ses hommes ne sont qu'à une cinquantaine de mètres du pont de Bénouville. Même si l'atterrissage s'est accompagné d'un boucan d'enfer, la sentinelle allemande présente pour garder le pont a cru à la chute d'une pièce de bombardier et n'a pas donné l'alerte. Deux autres planeurs ont touché terre à proximité. L'assaut peut commencer, des tirs sont échangés. Surpris par la véhémence et l'importance des coups de feu, les Allemands prennent la fuite. À Ranville, même si un planeur s'est posé à 20 kilomètres à cause d'une erreur de pilotage, le succès est sans appel. Effrayés par le vacarme provoqué par l'atterrissage, les Allemands ont pris leurs jambes à leur cou.

Il est minuit trente quand la major Howard envoie à ses supérieurs le nom code de la réussite : « Ham and Jam », « jambon et confiture ». Le pont de Bénouville est désormais connu sous le nom de Pegasus Bridge, en hommage aux parachutistes britanniques qui s'en sont emparés et dont l'insigne est le cheval ailé Pégase.

Pour les autres missions, malgré les cartes établies et les objectifs définis, les parachutistes sont victimes de nombreuses erreurs de largage. Pour le 8e bataillon du Parachute Regiment en charge de détruire plusieurs ponts sur la Dives pour paralyser l'arrivée de renforts allemands, seuls 150 hommes sur 600 sont en capacité de mener à bien l'opération. Finalement, les deux ponts de Bures, les ponts de Varaville et Saint-Samson près de Troarn sont démolis et neutralisés. En revanche, celui de Robehomme n'est pas tombé dans la Dives.

Ces imprécisions viennent aussi contrarier les plans du lieutenant-colonel Otway en charge d'attaquer la menaçante batterie de Merville. 130 soldats allemands sont retranchés à l'intérieur de cette infrastructure défensive composée de quatre casemates. À l'origine, trois planeurs devaient atterrir au sein même de la batterie. À l'extérieur, une autre attaque devait être menée par les paras. Mais deux planeurs se posent à plusieurs centaines de mètres et un autre est resté en Angleterre. Pour renforcer la confusion, beaucoup de parachutistes sont largués au-dessus des marais de la Dives, sont tombés dans ces eaux troubles, s'y sont noyés et ont perdu leurs armes et leurs munitions. Sur 550 hommes, seulement 150 sont en mesure de participer à l'assaut et les armes sont insuffisantes. À cela s'ajoute un terrible constat : les bombardements alliés sur la batterie de Merville n'ont pas eu les résultats escomptés et l'ont en partie épargnée. Quand bien même, à 4 h 35 du matin,

Otway et ses hommes partent à l'assaut de la batterie de Merville. En trente minutes, après de violents combats, les hommes d'Otway parviennent à devenir maîtres de la batterie mais la déception est grande. À la place des canons de 150 mm évoqués lors des entraînements, ils découvrent des pièces d'artillerie tchèque de 100 mm. Malgré leur faible équipement, les hommes du 9e bataillon essaient tant bien que mal de détruire les canons et d'endommager les casemates mais le résultat n'est pas convaincant. En plus des hommes blessés ou laissés pour morts dans les marais, la moitié des assaillants de la batterie de Merville ont perdu la vie dans cette attaque. Finalement, Otway et les survivants se replient. L'amertume est immense.

À l'Ouest : la 82e et la 101e US Airborne

Toujours dans la nuit du 5 au 6 juin 1944, à l'ouest des plages du Débarquement, les parachutistes américains des 82e et 101e Airborne doivent sauter sur le Cotentin. Les 6 400 hommes de la 82e ont pour objectif de prendre la commune de Sainte-Mère-Église considérée comme un important nœud de communication en direction du port de Cherbourg. Ils doivent aussi établir une tête de pont à l'ouest d'une rivière, Le Merderet. Les 6 600 parachutistes de la 101e Airborne appelés aussi les « Screaming Eagles », les « Aigles Hurlants », ont pour mission de sécuriser les sorties d'Utah Beach et le sud du secteur.

Quelques minutes avant de sauter, le général Maxwell Taylor, le commandant de la 101e Airborne est imperturbable. Il a traversé la Manche en dormant allongé sur le sol de l'avion avec des oreillers, ses hommes ont quelques difficultés à le réveiller. Quand les C-47 approchent des îles anglo-normandes, ils reçoivent une salve de tirs de défense antiaérienne allemande. L'accueil réservé par l'ennemi aux libérateurs ne s'arrête pas là. Quand les avions atteignent enfin les côtes de Normandie, des nuages bas et un brouillard gênent les pilotes et angoissent les parachutistes. La DCA allemande située sur la presqu'île du Cotentin tente d'abattre les avions. Les balles résonnent sur la tôle des avions comme des gros grêlons. Un homme est touché à la fesse, un pansement est improvisé par une infirmière présente à bord. Pour éviter les tirs, les pilotes réalisent des manœuvres plus ou moins hasardeuses, les parachutistes sont brinquebalés dans les avions. Parfois même, des C-47 explosent en plein vol ou s'écrasent. Puis pour les rescapés de cette effroyable arrivée, vient le temps du saut. Hélas, le largage est catastrophique. Le désordre est total. Pris au piège de la DCA allemande, beaucoup de pilotes ne respectent pas la vitesse et l'altitude. Ils volent trop vite et trop haut. Pour beaucoup de parachutistes, le temps avant de toucher terre semble durer une éternité et s'apparente à une descente aux enfers. Largués à une altitude trop élevée, certains sont à leur tour la cible des tirs allemands. Après avoir sauté d'un avion à l'allure beaucoup trop rapide, les paras de plusieurs compagnies sont maladroitement dispersés sur une zone de 20 kilomètres. Certains parachutistes atteignent le sol normand à 40 kilomètres de l'objectif initial. Beaucoup sont tombés dans les marais de Carentan inondés par les Allemands. En guise de comité d'accueil, le général Maxwell Taylor est entouré de vaches au regard hagard, il a atterri dans un pâturage normand.

Le calvaire de la 101e division aéroportée américaine continue. Aux alentours de 4 h 30 du matin, plus de cinquante planeurs avec à l'intérieur des hommes et des équipements sont largués à 10 kilomètres de la plage d'Utah dans les terres. Chargés de jeeps et de canons, les planeurs sont trop lourds et descendent beaucoup trop vite. L'atterrissage est calamiteux. Les planeurs touchent le sol normand dans un vacarme épouvantable. Par la violence du choc, plusieurs jeeps sont projetées vers l'avant des appareils et écrasent les malheureux pilotes ou soldats. Ces planeurs sont également constitués de bois, plusieurs hommes meurent transpercés par des éclats de planches lors de ces atterrissages fracassants. Cette terrible opération a même coûté la vie au commandant en second de la 101e Airborne, le général Pratt. Dans ce chaos, non loin de là, un briefing se tient entre officiers dans un fossé. Même s'ils sont en possession de clichés aériens et de cartes, ils sont perdus et n'arrivent pas à identifier le lieu où ils se trouvent. Quand le jour se lève, Maxwell Taylor reconnaît au loin le clocher de Sainte-Marie-du-Mont, village situé entre Utah Beach et Sainte-Mère-Église. Aux premières heures du jour, seuls 1 100 hommes de la 101e Airborne sur les 6 600 au départ d'Angleterre se sont rassemblés et sont opérationnels. Une colonne d'hommes prend la direction d'Utah pour sécuriser les abords de la plage et les premiers kilomètres dans les terres.

L'arrivée des parachutistes de la 82e Airborne est moins catastrophique mais les erreurs de largage sont aussi fréquentes. La situation est particulièrement tendue dans le bourg et autour de la commune de Sainte-Mère-Église, devenue depuis légendaire. Par un pur hasard, durant la nuit du Jour J, un incendie ravage un bâtiment à proximité de la place centrale du village. Le tocsin résonne dans le ciel de Sainte-Mère-Église. Les pompiers et des habitants volontaires encadrés par des Allemands sont mobilisés pour éteindre le sinistre. Plusieurs C-47 survolent Sainte-Mère-Église. Des hommes du 505e régiment se retrouvent largués en plein centre de la commune. Les Allemands font feu. Beaucoup sont abattus avant même d'avoir atterri, des cadavres sont suspendus aux branches des arbres. L'un des paras explose, touché à la hanche par un tir ennemi là même où sa grenade était attachée. Un autre tombe au cœur du brasier de la demeure en proie aux flammes. Deux autres parachutistes sont accrochés à l'église de Sainte-Mère. Par chance, Ken Russel se retrouve pris au piège à quelques mètres au-dessus de la terre ferme. Il coupe ses harnais, saute et prend la fuite. À l'inverse, John Steele est contraint d'attendre d'être libéré par ses camarades. Ce para américain est devenu célèbre car son personnage a été immortalisé dans le film *Le Jour le plus long*. Contrairement à la fiction et à l'idée ancrée dans les esprits depuis la sortie de ce long-métrage, John Steele n'a jamais été suspendu côté place et n'a jamais été spectateur du carnage et de la mort de ses frères d'armes. Lui comme Ken Russel étaient accrochés sur une partie de l'église donnant sur une petite rue adjacente, plutôt à l'abri des combats. Trois cents autres parachutistes qui ont atterri aux alentours font route vers Sainte-Mère-Église. Vers 4 h 30, les affrontements se poursuivent et tournent à l'avantage des Alliés. Sainte-Mère devient ainsi la première commune française libérée par les Américains. Tous les parachutistes attendent désormais avec impatience l'arrivée des troupes par la mer. Le débarquement doit commencer dans quelques heures.

Le mystère reste entier

Au cœur de cette nuit sans équivalent dans l'histoire, des milliers de parachutistes ont sauté dans le ciel de Normandie. Ils se déplacent sur les chemins et sur les routes ou sont présents dans de nombreux marais, champs et villages de Normandie. Une armada de plus de 5 000 navires fait route vers les plages normandes et pourtant le secret de l'opération est gardé jusqu'aux ultimes heures qui précèdent le débarquement. Des manœuvres d'intoxication sont une nouvelle fois menées par les Alliés.

Les opérations Glimmer et Taxable consistent toujours à tromper les Allemands et les persuader que le débarquement aura lieu sur les côtes situées au nord de la Seine. Dans la nuit du 5 au 6 juin, plusieurs bateaux quittent l'Angleterre en direction du Havre, de Fécamp et de Calais. De grands ballons dotés de réflecteurs sont accrochés à leur poupe. Les écrans radars allemands s'affolent. Une armada semble se diriger tout droit vers les côtes de Seine-Maritime, de Picardie et du Pas-de-Calais. Les Alliés ne s'arrêtent pas là, pour toujours mieux enfumer les Allemands, et c'est le cas de le dire, ils dispersent devant ces vedettes trompe-l'œil une fausse brume épaisse. De grands haut-parleurs embarqués à bord des bateaux diffusent des sons similaires à une flotte de débarquement. Le volume est poussé au maximum. Les Allemands se font avoir et plusieurs batteries font feu sur cette armada d'opérette.

Pour brouiller encore davantage les radars allemands, dans les airs, au large du Pas-de-Calais et du Cap d'Antifer, des leurres sont largués par des bombardiers toutes les quatre secondes pendant trois heures et demie. Ce sont en réalité d'étroites bandelettes de papier enrobées d'une fine couche d'aluminium, leur nom de code est Windows. Pour accompagner le tout d'autres avions alliés ne cessent d'effectuer des cercles et des passages à hauteur des côtes de la Somme.

En parallèle, les opérations aéroportées en cours sur le territoire normand n'éveillent pas particulièrement les soupçons des Allemands persuadés que ces parachutistes sont envoyés pour les duper. Pour renforcer cette impression et semer toujours plus de confusion dans les esprits, des centaines de poupées équipées d'un procédé simulant des tirs sont parachutées à travers la Normandie bien loin des réelles zones de parachutage. C'est l'opération Titanic. Appelés « Rupert », ces personnages en toile de jute reliés à des parachutes sont censés exploser à leur atterrissage. Ce dispositif a un double effet : la dispersion des Allemands et le renforcement du sentiment d'un vaste bluff orchestré par les Alliés pour détourner l'attention du lieu réel du débarquement qui serait donc le Pas-de-Calais. Quand bien même la présence de vrais parachutistes est signalée aux officiers allemands, plusieurs d'entre eux croient à l'envoi de renforts destinés à la résistance française comme cela peut être le cas fréquemment sous l'Occupation.

Dans le plus grand secret, la Résistance intérieure est aussi mobilisée en cette nuit du 5 au 6 juin 1944. Grâce à des messages codés diffusés depuis Londres et la BBC, les résistants normands et bretons sont avertis de l'imminence du débarquement. La réalité historique est une nouvelle fois très différente de la fiction du film *Le Jour le plus long*. Les vers du poème de Verlaine ne sont pas entendus en ces heures historiques et ne signalent pas spécifiquement le Jour J. C'est un des messages cachés invitant les résistants à passer à l'action. Le vers « Les sanglots longs des violons de l'automne » est entendu le 1er juin et la suite « Bercent mon cœur d'une langueur monotone » est diffusée le 5 juin. Quelques heures avant le débarquement, par exemple deux plans répondent à des codes et signifient deux opérations particulières. « Ne faites pas de plaisanteries » pour le plan Violet désigne le sabotage des lignes téléphoniques. « Les dés sont sur le tapis » doit déclencher le plan Vert qui consiste à saboter les voies de chemin de fer. Toujours à l'écoute, les résistants passent à l'action. Des fils sont coupés, des câbles sectionnés, ils détériorent sérieusement les moyens de communication allemands et sèment ainsi le désordre dans les échanges entre postes de commandement allemands.

Rommel chez son épouse, Hitler dans les bras de Morphée

De la Normandie au Pas-de-Calais, en passant par la Picardie et jusqu'à Berlin, la confusion est totale côté allemand. En ces premières heures du 6 juin 1944, les questions sont multiples : Que se passe-t-il ? Et surtout : que va-t-il se passer au lever du jour ? Est-ce l'invasion à la fois tant attendue et tant redoutée ? Aux alentours de trois heures du matin, le quartier général du groupe naval Ouest basé à Paris donne l'ordre à des patrouilles de partir en mer. À Cherbourg, les Allemands sont certains d'avoir observé des navires aux abords de la ligne d'horizon. Des bateaux partent en éclaireur. Mais les conditions météorologiques sont si mauvaises qu'ils font demi-tour. Piégées par l'armada fantoche au large des côtes de Seine-Maritime, les autres expéditions allemandes en mer reviennent au port de Dieppe sans avoir aperçu le moindre navire. Même si les ordres sont disparates et parfois contradictoires, des parachutistes alliés sont bien arrivés sur le sol normand et ne semblent pas être venus pour une promenade de santé. Enfin, même si les bombardements alliés sont peut-être plus massifs que d'ordinaire sur le Mur de l'Atlantique, ils s'inscrivent tout de même dans l'intensification des raids opérés depuis plusieurs semaines.

Du côté des hauts gradés allemands, le maréchal Rommel, pourtant commandant du groupe d'armées B, territoire s'étendant de la Loire aux Pays-Bas en passant donc par la Normandie, n'est pas présent à son poste de commandement (PC) de La Roche-Guyon, situé dans le Val-d'Oise en Île-de-France. Il est en Allemagne parti célébrer l'anniversaire de sa femme. Le maréchal von Rundstedt, commandant en chef à l'Ouest est quant à lui à son PC de Saint-Germain-en-Laye quand les nouvelles de Normandie lui parviennent. Comme la majeure partie des officiers qui l'entourent, selon lui, ces opérations nocturnes sont une tromperie visant à cacher le vrai débarquement qui se déroulera ailleurs, au nord de la Seine. Malgré ses convictions, il souhaite tout de même appeler en renfort deux unités blindées : la Panzer Lehr et la 12e SS Hitlerjugend. Ces deux formations sont alertées d'un éventuel mouvement à 2 heures du matin puis aux alentours de 4 heures du matin. Elles sont prêtes à prendre la route vers la Normandie mais il faut l'accord du Führer en personne. En plein milieu de la nuit, à Berlin, les généraux sont méfiants. Ils doutent encore et toujours. Est-ce le débarquement ou des manœuvres de diversion ? Ils rappellent à von Rundstedt que seul Hitler peut donner le feu vert. Mais le Führer est en train de dormir dans un profond sommeil. Son médecin personnel, le docteur Theodor Morell, lui a administré des substances qui s'apparentent à des somnifères et il n'est pas question de le réveiller. Alors sur place, des mouvements d'autres unités sont opérés à la hâte. Par exemple, la 21e division blindée s'avance au sud de Caen. Les heures passent et Hitler dort toujours. Et ce ne sont pas les détonations de l'armada alliée, pourtant puissantes et massives qui viendront le tirer du lit. La chambre à coucher du Führer est à 1 200 kilomètres des plages de Normandie.

Les derniers instants avant le Débarquement

Il fait encore nuit lorsque les premiers libérateurs quittent leur navire de débarquement pour rejoindre les barges qui doivent les mener vers la destination finale : les plages de Normandie. Le transfert des troupes d'assaut est émaillé de quelques épisodes épiques. Plusieurs soldats effrayés par la mer et par la houle s'équipent de leur gilet de sauvetage gonflé à bloc. Une initiative personnelle plutôt malheureuse, certains ont la plus grande difficulté à se frayer un chemin sur le pont et à passer par les écoutilles. Un autre soldat est intimé de mettre son casque sur la tête. Mais la précieuse protection est presque remplie de pièces de monnaie remportées lors de parties de cartes endiablées. Il est alors contraint de jeter tous ses gains sur le pont du bateau avant d'embarquer à bord de la barge. Le butin se répand et les pièces roulent dans tous les sens sous les yeux ahuris et amusés de ses camarades et de ses supérieurs. Sur un autre navire, des soldats américains vivent une péripétie dont ils se seraient bien passés. Alors que leur barge est en cours de descente vers la mer, le système de levage se coince. Les voilà suspendus au-dessous des latrines du navire. Le malheureux équipage se retrouve couvert d'excréments d'autres libérateurs.

Les difficultés et l'inconfort ne s'arrêtent pas là, une fois dans leurs embarcations, beaucoup de fantassins sont pris d'un mal de mer particulièrement aigu. La houle est forte et de nombreux soldats sont brinquebalés ici est là. Portées par les vagues, les barges montent et descendent sans cesse. De nombreux soldats rendent leur petit-déjeuner pris quelques heures auparavant, certains vomissent dans leur casque puis le trempent dans l'eau salée pour le rincer. De temps à autre, des coups de vent projettent le vomi sur les voisins, le tout mêlé parfois à des lampées d'embrun et d'eau de mer. Ces conditions pénibles et éprouvantes fatiguent considérablement les soldats avant le grand assaut.

Avant le débarquement sur le sable de Normandie, 5 000 tonnes de bombes ont été larguées sur les batteries considérées les plus menaçantes. Les bombardements de ces infrastructures de défense se poursuivent sans relâche jusqu'aux environs de 5 heures du matin. Par la suite, d'autres bombardiers s'en prennent au Mur de l'Atlantique et des avions mitraillent les abords des plages pour couvrir la future arrivée des assaillants. Puis à partir de 5 h 30, c'est au tour des navires de guerre de faire déferler sur la défense allemande leur déluge de feu dans un vacarme retentissant. La voie est ouverte pour les 136 000 fantassins du Jour J.

Les derniers instants avant le Débarquement

Omaha Beach ou « Bloody Omaha »

Il est 6 h 35 quand les premiers GI's sautent de leur barge d'assaut pour aller conquérir cette plage de Normandie, première terre d'Europe occidentale à libérer. Dès les premières secondes, ils reçoivent une salve de tirs allemands. Les bombardements aériens et navals préalables n'ont pas eu l'efficacité attendue. Les défenses allemandes sont presque indemnes quand ils débarquent. La géographie du littoral n'est pas non plus à leur avantage. Face à eux, des dunes et des collines offrent à l'ennemi une vue plongeante sur leurs avancées et leurs mouvements. Dès les premiers instants, la situation s'annonce délicate sur Omaha. Le courant est si fort que les péniches de débarquement ont été déportées et les assaillants n'arrivent pas aux endroits prévus dans le plan d'attaque. Les soldats américains quittent leur barge à quelques mètres du rivage. Quand ils sautent dans la mer, beaucoup coulent dans l'eau froide alourdis par le poids de leurs paquetages. La majorité d'entre eux portent 30 kilos. Ceux qui sont parvenus à ne pas sombrer avancent tant bien que mal sous le feu de l'ennemi. Pour sauver leur peau, de nombreux fantassins se cachent derrière les obstacles dressés par les Allemands. Pris de panique, beaucoup de GI's décident de se regrouper au centre de la plage mais deviennent hélas une cible idéale pour les balles allemandes. Contrairement à ce qui avait été envisagé, ce ne sont pas quatre bataillons ennemis qu'ils doivent affronter mais huit. Beaucoup de soldats ont le réflexe de plonger pour éviter les tirs mais ils sont touchés sous l'eau. Les cadavres sont de plus en plus nombreux sur le secteur d'Omaha. Face à cette effroyable conjoncture, des soldats refusent d'abandonner leur barge d'assaut. Un sergent du 116e régiment d'infanterie menace ses hommes avec son arme et leur ordonne d'aller combattre. La vision est apocalyptique, des blessés sont incapables de ramper jusqu'au rivage, rattrapés par la marée montante, ils se noient. Des barges, des chars et des jeeps sont en feu.

En outre, sur cette plage longue de 6 kilomètres, les unités du génie en charge de détruire les obstacles et de déblayer le terrain pour l'arrivée des autres vagues d'assaut essuient un cuisant échec. L'infanterie aurait dû arriver avant eux mais à cause des courants les fantassins ne sont pas là où ils devraient être. Ces unités doivent alors intervenir sans couverture. Et pour ajouter à la confusion générale, ces équipes de génie aussi sont victimes des courants. Sur 16 unités de génie, seules 5 parviennent à atteindre l'objectif défini sur la carte. 40 % des membres qui les composent sont tués ou blessés.

Aux alentours de 7 heures, vient la deuxième vague d'assaut. Les hommes à bord des embarcations à l'approche d'Omaha sont confiants. Au loin, l'épaisse fumée blanche ne fait aucun doute, les avions alliés sont d'une efficacité redoutable et anéantissent les défenses ennemies. Mais quand ils s'approchent du rivage, c'est la stupeur. Ce bruit assourdissant provient de l'ennemi, c'est la puissance de feu des Allemands. Quand les soldats commencent à découvrir l'épouvantable carnage, une angoisse s'empare des combattants mais ils n'ont pas d'autre choix que de sauter pour lutter et tenter de venir en aide à leurs camarades. Certains d'entre eux sont cachés derrière une digue et ne veulent plus en sortir de peur d'être abattus. Ils restent là prostrés, en état de choc et épuisés. Les réactions des GI's traumatisés varient et sont à la mesure du chaos qui règne sur Omaha. Sans doute pour ne pas réaliser ce qui se passe, un combattant improvise une balade en déambulant sur la plage comme par un beau jour de printemps. Un de ses frères d'armes le ramène à la raison en lui criant dessus. Il finit par se baisser et évite les balles ennemies. Un autre soldat pique des sprints dans tous les sens sur plusieurs dizaines de mètres avant d'être abattu en pleine course. Pris d'affolement, des marins d'un bateau chargé en équipement et en véhicules avec chauffeurs quittent leur embarcation. Les pauvres pilotes abandonnés doivent s'armer de patience et faire confiance à la marée pour atteindre la plage. Enfin dans cette cacophonie totale, 80 % du matériel radio est perdu ou mis hors d'usage car complètement détrempé, ceci ne facilitant pas les communications.

Dans ce chaos, des héros se révèlent et ce ne sont pas forcément ceux que l'on croit. Des soldats sont tout de même parvenus à se mettre à l'abri sur la plage. Un jeune caporal de seulement 1,65 mètre pour 56 kilos réalise six allers et retours et ramène plusieurs hommes sur le sable dans un endroit sûr.

À 8 h 30, au regard des circonstances calamiteuses, le général américain Bradley, à bord de l'*USS Augusta*, décide de stopper tout mouvement vers Omaha. 25 000 hommes et 4 400 véhicules doivent débarquer lors des prochaines vagues d'assaut. La crainte d'un embouteillage fatal est bien légitime. Le commandant des opérations sur Omaha réfléchit même un court instant à abandonner le secteur et envoyer les nouveaux assaillants sur Utah Beach ou sur les plages britanniques. Mais à partir de 9 heures la situation commence à s'inverser et tourne à l'avantage des Américains.

Des destroyers se sont rapprochés du littoral et frappent enfin les défenses du Mur de l'Atlantique. À l'inverse des Américains, au fur et à mesure des combats, les Allemands ont de moins en moins de munitions. Côté Allié, des milliers d'hommes sont toujours prêts à débarquer, les renforts allemands peinent à arriver. Sur la plage d'Omaha, des chefs de régiment savent trouver les mots pour regonfler le moral des troupes. Le colonel Taylor prononce cette phrase devenue célèbre : « Il n'y a que deux sortes de gars qui vont rester sur cette plage : ceux qui sont morts et ceux qui vont mourir ; alors foutons le camp d'ici en vitesse ! » En milieu de matinée, quelques brèches étroites commencent à s'ouvrir. Un camion chargé d'explosifs est placé le long d'une casemate. Une forte détonation retentit. Tous les Allemands présents à l'intérieur sont tués par l'onde de choc. Comme un signal, les défenses allemandes sont enfin atteintes directement par voie terrestre. Des chars d'assaut s'attaquent ensuite à des bunkers, pendant que des groupes de fantassins se faufilent entre des positions ennemies pour atteindre le plateau. À la mi-journée, un message positif parvient au commandant Bradley. Des hommes ont réussi à dépasser les plages. L'avancée est mince, quelques mètres tout au plus, mais elle est tout de même significative. En fin de journée, 30 000 hommes ont débarqué à Omaha mais le bilan humain est lourd. 1 800 soldats ont perdu la vie ou sont portés disparus et 2 300 sont blessés. Omaha devient alors dans l'histoire « Bloody Omaha », « Omaha la sanglante ».

Utah Beach

Le débarquement à Utah Beach se déroule dans des circonstances radicalement différentes de celui d'Omaha. Les obus tirés par les navires de guerre épargnent de nombreuses défenses allemandes mais anéantissent plusieurs champs de mines. Les bombardements aériens sont beaucoup plus précis. 4 000 bombes sont larguées sur le Mur de l'Atlantique. Le succès du débarquement à Utah ne dépend pas cependant de ce rideau de feu mais d'un heureux hasard. Il est 6 h 31 quand les GI's de la première vague d'assaut quittent leur barge. Les tirs ennemis sont étrangement peu soutenus.

Parmi les premiers assaillants, le général Roosevelt. Teddy Roosevelt est un lointain cousin du président des États-Unis en exercice depuis le déclenchement de la Seconde Guerre mondiale. Il est surtout le fils de Theodore Roosevelt, président des États-Unis de 1901 à 1909. Âgé de 57 ans, souffrant de douleurs articulaires et canne à la main, il a tout de même souhaité être le commandant de l'assaut. Il ne tarde pas à se rendre compte que les indications sur le plan de l'opération ne coïncident pas avec le paysage qui l'entoure. Les courants l'ont emmené lui et ses hommes 2 kilomètres plus au sud. Une chance inouïe. Les défenses allemandes sont nettement moins redoutables et les soldats ennemis moins aguerris. Très vite, les nouvelles vagues d'assaut se succèdent. Les unités de génie anéantissent les obstacles et ouvrent la voie pour constituer une tête de pont. Les combattants pénètrent assez rapidement au-delà de la plage. Après 9 heures du matin, la jonction est établie avec des parachutistes de la 101e Airborne. Pour autant, le débarquement à Utah Beach n'est pas une simple promenade. La batterie allemande de Crisbecq tire sur les troupes qui avancent et sur les navires alliés. Au soir du 6 juin, 23 250 hommes ont débarqué à Utah et le nombre de pertes est le plus faible de toutes les plages du Débarquement, 589 GI's sont tués, blessés ou portés disparus.

L'assaut de la pointe du Hoc

Entre les plages d'Omaha et d'Utah, un défi de taille est à relever : 225 rangers américains doivent escalader un éperon rocheux plongeant dans la mer. Il est 7 heures 10 le matin du Jour J, quand, après une erreur de navigation, les hommes du lieutenant-colonel James Rudder arrivent avec 40 minutes de retard au pied de la pointe du Hoc. Cette falaise est impressionnante, elle mesure entre 25 et 30 mètres. Tout en haut, une batterie allemande menace Omaha Beach et Utah Beach. Très vite, le siège commence. L'attaque est spectaculaire. Sous les tirs allemands et les grenades, les soldats américains lancent des cordes et des échelles pour atteindre ce site de défense allemand. En une dizaine de minutes, les premiers rangers parviennent à atteindre le sommet et engagent le combat avec 150 artilleurs allemands au beau milieu d'un terrain marqué par les bombardements successifs. Le terrain est lunaire, les cratères sont nombreux. En moins de quarante minutes, la Batterie est conquise, mais aucun canon n'est disposé dans les casemates. Ils avaient été cachés quelques mètres au sud par les Allemands pour les protéger des bombardements. Cette information était connue des officiers et avait même provoqué de vifs échanges. Au final, les canons sont certes camouflés à l'arrière mais indemnes et auraient pu être utilisés à tout moment. Cette mission n'a donc pas été vaine. Les heures qui suivent, Rudder et ses hommes doivent tenir bon avant l'arrivée des renforts débarqués à Omaha. Mais ils peinent à arriver. Il faudra attendre le 8 juin pour que ces héros soient secourus. À l'issue de cette opération, seuls 90 des assaillants de la pointe du Hoc sont encore valides. 135 rangers ont été tués ou blessés dans cette attaque devenue un épisode marquant de l'histoire du Débarquement. Elle est même désormais légendaire grâce notamment aux scènes d'anthologie du film culte *Le Jour le plus long*.

L'assaut de la pointe du Hoc

Gold Beach

En ce 6 juin 1944, de nombreux soldats britanniques sont fiers de revenir en France pour laver l'affront de Dunkerque. En juin 1940, victimes de la *Blitzkrieg* des armées de l'Allemagne nazie, près de 200 000 combattants britanniques avaient dû fuir le continent et regagner l'Angleterre à la hâte entre le 26 mai et le 4 juin 1940. La 50e division du général Graham qui doit débarquer à Gold Beach fut la dernière unité à quitter le port de Dunkerque. Le souvenir est donc bien vif. Cette fois-ci, ils comptent bien avoir leur revanche. De plus, l'Angleterre a subi des bombardements particulièrement meurtriers et destructeurs tout au long de la Seconde Guerre mondiale. Beaucoup considèrent que le temps est désormais venu de donner une bonne leçon aux Allemands.

Les soldats britanniques doivent s'emparer des plages d'Asnelles et de Ver-sur-Mer, à l'est d'Arromanches. Trois batteries allemandes sont en mesure d'atteindre ce secteur. Celle de Longues est la plus menaçante avec ses canons de 150 mm. Bien avant 6 heures du matin, trois croiseurs, une canonnière et treize destroyers bombardent massivement les défenses côtières allemandes. Deux heures plus tard, les chasseurs-bombardiers passent à l'action. À 7 heures 25, les premiers soldats britanniques sautent de leur embarcation à 100 mètres de la plage. L'eau est profonde d'environ 1 mètre 20. Très vite les batteries et les canons implantés sur certaines digues font feu sur les assaillants. Des trous de plus de deux mètres de profondeur se forment, l'eau de mer s'y engouffre et piège plusieurs combattants qui sombrent à l'intérieur. De nombreux fantassins chargés comme des mulets éprouvent la plus grande difficulté à marcher dans ce sable particulièrement meuble et gluant. Il colle aux chaussures, chaque pas est un effort à faire. Heureusement, ils peuvent compter sur les troupes du génie. Passées quelques instants auparavant, ces unités ont débarrassé les plages des mines et des pièges posés par l'ennemi. Les difficultés les plus importantes sont enregistrées devant Asnelles. Face aux soldats britanniques, un canon de 88 mm abrité dans un blockhaus ne cesse de tirer et détruit plusieurs chars avant d'être réduit au silence.

Dans l'après-midi, les troupes britanniques ont dépassé les plages. Après avoir déjoué une contre-attaque allemande, elles poursuivent inexorablement leur route vers Bayeux. Dans les dernières heures du D-Day, même si la ville de Bayeux n'est pas encore libérée, les soldats britanniques ont établi une remarquable tête de pont de 9 kilomètres à l'intérieur des terres et 24 970 soldats ont été mis à terre. Durant cet assaut, 1 023 hommes ont été tués, blessés ou sont portés disparus.

SOUVENEZ-VOUS DUNKERQUE !

Juno Beach

C'est le seul secteur canadien du Débarquement. Les soldats canadiens ont une particularité par rapport aux autres combattants, ils sont tous volontaires. Autre remarque importante, si c'est bien la 3e division d'infanterie canadienne qui doit s'emparer des plages de Juno situées entre Graye-sur-Mer et Saint-Aubin-sur-Mer, cette division commandée par le général Keller est incorporée à la 2e armée britannique. En ce 6 juin 1944, les Canadiens n'ont pas leur propre armée à l'inverse des Américains et des Britanniques.

En raison de la forte houle, l'arrivée des barges d'assaut est retardée. Les opérations débutent entre 7 heures 45 et 7 heures 55 en fonction des endroits. La mer est trop haute et la marée est montante. Les équipes de génie ne sont pas arrivées en temps et en heure. Cachés en partie par les flots, les obstacles allemands sont toujours en place et vont s'avérer d'une efficacité redoutable. Des embarcations touchent des mines et explosent. Des soldats sont tués lors de l'impact. Propulsées par les vagues, des péniches s'empalent sur les pièges de Rommel. Des hommes sont blessés à la jambe et certains soldats souffrent de fractures. Un tiers des 300 barges de débarquement sont détruites.

Puis vient le temps de conquérir les plages, à l'ouest de Juno Beach, le débarquement se déroule relativement rapidement, les soldats canadiens pénètrent assez facilement dans le village de Graye-sur-Mer. Mais entre Graye et Courseulles, c'est beaucoup plus compliqué. Une défense allemande bien dotée en munitions gêne l'avancée des troupes. Des canons antichars et des rafales de mitraillettes font feu. Chaque centimètre compte, la progression est lente mais elle a lieu. Pour déloger les Allemands, des fantassins canadiens balancent des grenades pendant que d'autres usent de leur mitraillette. La mission s'achève par des duels à l'arme blanche. Une fois dans Courseulles, les combats sont d'une grande violence et d'une grande intensité.

Cette partie de la côte normande est aussi marquée par des villas du XIXe siècle et du début du XXe siècle, les rivages sont beaucoup plus urbanisés. Les Allemands utilisent par endroits ces demeures pour cacher des tireurs d'élites comme à Bernières-sur-Mer. À travers la fenêtre d'un hôtel, un sniper tire sur les barges d'assaut qui approchent. Quand la porte de l'une d'entre elles s'ouvre, le tireur allemand tire immédiatement. Les hommes n'ont même pas le temps de descendre. Ceux en première ligne sont tués sur le coup. Leurs camarades survivants sont terrifiés, les balles ricochent tout autour d'eux mais il faut descendre, alors ils passent entre les cadavres entourés d'une mare de sang. Toujours à Bernières-sur-Mer, la moitié des hommes d'une compagnie meurt sur la plage pour avoir tenté de parcourir seulement 100 mètres de leur position initiale à leur objectif. Trente minutes après la première vague d'assaut, les Canadiens francophones du Régiment de la Chaudière débarquent à Bernières-sur-Mer. Pour beaucoup c'est une émotion particulière, la France est la terre de leurs ancêtres, celles et ceux qui fondèrent la Nouvelle-France en Amérique du Nord à partir du XVIe siècle.

Enfin à Saint-Aubin, les Allemands réservent un accueil musclé aux libérateurs : obus de mortier, rafales de mitrailleuse. Le débarquement se déroule dans une certaine confusion. Devenus sourds à cause de la vigueur de la défense allemande, des fantassins n'entendent pas les chars de leur propre division. Ces chars d'assaut les heurtent ou leur roulent dessus et les écrasent.

Au fur et à mesure des heures, la situation tend à s'améliorer, des renforts arrivent mais la marée montante provoque par endroits quelques encombrements. À la fin de cette journée du Jour J, 21 400 hommes ont débarqué à Juno mais les pertes ne sont pas nulles, 1 242 Canadiens sont morts, blessés ou disparus.

C'EST NOUS LE RÉGIMENT DE LA CHAUDIÈRE !
ÇA FAIT CHAUD AU CŒUR DE VOIR LES COUSINS !
CHAUNU

Sword Beach

Dans ce secteur britannique, beaucoup de combattants veulent aussi prendre leur revanche sur la défaite de 1940. Mais pour un commando bien particulier cet assaut revêt une importance très singulière. Il s'agit des 177 Français du commandant Kieffer, les légendaires « bérets verts », les seuls fantassins français du Jour J. Le 1er bataillon français de fusiliers marins commandés par Philippe Kieffer débarque sur Sword Beach aux côtés des Britanniques le 6 juin 1944. Cette unité française est sous les ordres de lord Lovat, un Écossais haut en couleur, aussi téméraire qu'exubérant. La tension est particulière en ce matin du D-Day pour les soldats qui doivent débarquer dans cette zone située la plus à l'est. Leur objectif est d'atteindre la station balnéaire de Ouistreham Riva-Bella située sur l'embouchure de l'Orne et son canal. Il faut aussi assurer la jonction sur les ponts de Bénouville et Ranville avec les troupes aéroportées. Mais ce secteur de débarquement représente plusieurs risques. Le premier est l'infrastructure de défense allemande. En bordure de la plage de Riva Bella, une batterie de six canons de 155 mm fait face à la mer. Sur un peu plus d'un kilomètre, une soixantaine de blockhaus et bunkers équipés de mitrailleuses, mortiers et canons antichars protègent le rivage et au-delà les premières centaines de mètres. Pour parachever ce tableau des plus inquiétants, les obstacles allemands sont aussi présents en très grand nombre. Face à ce vaste arsenal et contrairement à beaucoup d'idées reçues, les soldats britanniques et français ne débarquent donc pas à Ouistreham le 6 juin 1944 mais un peu plus à l'ouest sur les plages de communes voisines à Hermanville et Colleville sur un espace restreint de seulement deux kilomètres.

Un peu avant 6 heures du matin, le bombardement naval commence pour tenter d'anéantir l'important dispositif défensif allemand. Trois cuirassés, cinq croiseurs et douze destroyers bombardent le littoral. Hélas, cette puissance de feu réveille les Allemands mais elle est loin d'anéantir cette portion du Mur de l'Atlantique. Avant l'arrivée des fantassins, plusieurs unités de génies interviennent sur les plages pour déminer le terrain et pulvériser des obstacles allemands. Du côté d'Hermanville, les premiers fantassins débarqués atteignent sans trop de grande difficulté le rivage. À Colleville, les soldats du 2nd East Yorkshire se retrouvent nez à nez avec une défense côtière. Ce face-à-face est fatal pour un trop grand nombre de combattants. Des cadavres disloqués jonchent le sol. 200 soldats perdent la vie. Finalement, l'obstacle est enlevé, les centres des communes d'Hermanville et de Colleville sont atteints en milieu de matinée. Pendant ce temps, le numéro 4 commando dans lequel sont incorporés les 177 Français du commandant Kieffer sont passés à l'action.

Les Français sont les premiers de leur commando à poser le pied sur la terre française, à Colleville, sur cette plage de Normandie. Le retour au pays n'est pas des plus joyeux, il s'accompagne de la mitraille et des obus allemands en guise de feu d'artifice. Ça tire de partout. Les plus croyants peuvent compter sur la Providence, l'aumônier du bataillon est à leurs côtés, armé… d'un crucifix. Malgré tout, il n'est pas rare d'entendre ces soldats français hurler « Nom de Dieu, nom de Dieu » face au feu de l'ennemi. À peine débarqués, trois hommes sont déjà tués et on compte 26 blessés ; Philippe Kieffer est blessé à la jambe. Très vite, les bérets verts survivants se réfugient, ironie du sort, dans une colonie de vacances. Le temps des congés n'est certainement pas venu, il faudra bientôt prendre la direction de Ouistreham.

Les Français comme l'ensemble des troupes sont éprouvés. Lord Lovat, le seigneur écossais à la tête du numéro 4 commando est confiant. Accompagné de son joueur de cornemuse, il foule enfin le sable normand. Même si le règlement interdit la cornemuse sur le terrain des affrontements, lord Lovat s'en contrefiche et prend un malin plaisir à souligner qu'il s'agit d'un ordre anglais tout en précisant qu'il est écossais. Dans ce vacarme tonitruant, le célèbre et l'unique *piper* Bill Millin se met alors à jouer *The road to the Isles* en longeant la plage. Si certains

IL MANQUE PAS D'AIR!
CHAUNU

assaillants se réjouissent et font le signe de la victoire, un sergent offusqué par une telle fantaisie en plein débarquement insulte Bill Millin qui reste droit comme un i. Imperturbable, il continue à joueur de la cornemuse.

Les membres du numéro 4 commando avec les fameux Français partent à l'assaut de Ouistreham. Les Britanniques doivent s'emparer du port de Ouistreham et des écluses. Les Français ont pour mission de neutraliser deux défenses allemandes dont celle implantée sur l'ancien casino de Riva Bella rasé en 1942 par les Allemands. Mais un canon ennemi de 20 mm rend l'opération compliquée. Après plusieurs heures de combat acharné, le renfort d'un char allié permet de neutraliser la résistance allemande. Derrière la tourelle du char, a pris place le commandant Philippe Kieffer en personne. Les défenses du casino se taisent enfin quand à 11 heures 20, l'ordre est donné aux Français de reprendre la route pour Bénouville. Quelques heures plus tard ils assurent la jonction avec la 6e division aéroportée britannique sur le pont de Bénouville avant d'atteindre Le Plain (Amfreville).

Quand les Français atteignent Bénouville, lord Lavat et son fidèle joueur de cornemuse Bill Millin sont déjà passés par là. Contrairement à l'image répandue par le film *Le Jour le plus long*, épique mais truffé d'erreurs historiques, l'iconique *piper* ne traverse pas Pegasus Bridge au son de sa cornemuse même si l'envie ne lui manque pas. Le passage du pont de Bénouville est marqué par des tirs ennemis. Des balles sifflent de toutes parts, Bill Millin traverse Pegasus Bridge presque entièrement accroupi pour se protéger lui-même et bien sûr sa cornemuse. Une fois arrivé sur l'autre rive, il se remet à jouer. Il entonne alors *March of the Cameron*.

Dans le secteur de Sword Beach, au soir du 6 juin 1944, 28 845 soldats ont été mis à terre, les pertes sont les deuxièmes plus importantes après Omaha. 1 304 soldats sont morts, blessés ou considérés disparus. Du côté des bérets verts du commandant Kieffer, 44 hommes sont tués ou blessés.

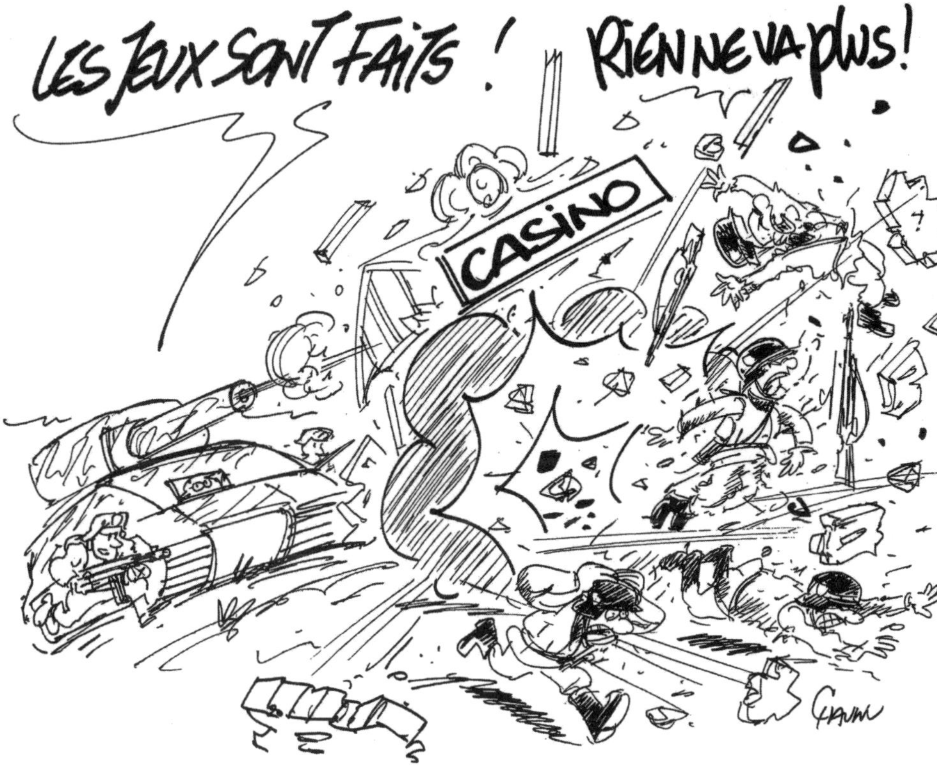
LES JEUX SONT FAITS !
RIEN NE VA PLUS !
CASINO
Chaunu

Les renforts allemands ne sont pas à l'heure

Dans les heures et les jours qui suivent le Débarquement, l'enjeu pour les Allemands est de parvenir à acheminer des renforts au plus vite. Sans surprise, la 12e panzer SS Hitlerjugend située entre l'Eure, le Calvados et l'Orne rejoint les environs de Caen dans la nuit du 6 au 7 juin. Mais toutes les autres unités n'auront pas la chance de réaliser un voyage aussi rapide.

Plusieurs villes sont bombardées, les routes sont mitraillées par l'aviation alliée, et les voies ferrées sont soit détruites par les bombes soit sabotées par la Résistance. Partie de Chartres, la Panzer Lehr atteint le front normand le 8 juin. La 77e division est partie à pied de Saint-Malo et atteint le secteur d'Utah Beach après trois jours de marche. Le record du plus long et plus ubuesque périple est détenu par la 275e division, stationnée dans le sud du Morbihan. Le 6 juin au soir, elle reçoit l'ordre de se diriger immédiatement vers la Normandie. Les troupes prennent place dans des trains. Mais à plusieurs reprises, les lignes sont coupées obligeant les Allemands à attendre dans certains endroits pendant plusieurs heures. Puis de nouveaux itinéraires sont empruntés mais les chemins de fer sont une nouvelle fois démolis. Des soldats allemands rejoignent à pied d'autres gares puis reprennent un train mais le réseau est une nouvelle fois endommagé. Le train est finalement abandonné. Le tout s'achève par plusieurs jours de marche. Les hommes de la 275e division arrivent à Saint-Lô entre le 11 et le 13 juin. Il aura fallu entre 5 et 7 jours pour parcourir 250 kilomètres. Pour rejoindre le plus rapidement possible le front, certains Allemands à pied piquent les bicyclettes des civils croisés sur leur route et parfois des bus sont réquisitionnés à la hâte.

La tristement célèbre 2e Panzer SS Das Reich est autour de Toulouse le 7 juin 1944 quand l'ordre est donné à cette formation redoutable et redoutée de prendre la route pour la Normandie. Mais ce n'est pas sa seule mission. Elle reçoit l'ordre d'écraser la Résistance intérieure sur son passage et plus particulièrement dans la région du Massif Central. La 2e Panzer SS Das Reich commence alors son funeste parcours. Le 9 juin 1944, à Tulle, en Corrèze, 99 otages sont pendus. Le 10 juin 1944, à Oradour-sur-Glane, elle commet le massacre de 642 habitants et ravage le village. En plus de ces exactions, la 2e Panzer SS Das Reich est retardée par des actes de la Résistance et des raids de l'aviation alliée. Elle n'est présente en Normandie qu'à la mi-juin.

Jusqu'à la mi-juin, la situation est délicate côté allemand ; les troupes comme le ravitaillement en essence ou en munition sont considérablement ralentis par la destruction des infrastructures routières et ferrées causée par l'aviation alliée et par la Résistance. Par exemple, alors que 5 000 tonnes de munitions sont utilisées, seulement 3 000 tonnes parviennent à gagner le front en Normandie. La bataille de Normandie commence mal pour les Allemands.

Un débarquement plutôt réussi

Le général Eisenhower, commandant suprême des forces alliées, et les autres membres de l'état-major, sont satisfaits du Débarquement. Les pertes, c'est-à-dire le nombre de tués, blessés ou disparus est inférieur aux estimations. À peine 12 000 soldats contre 25 000 selon les prévisions les plus négatives. Les pertes les importantes sont constatées en secteur américain sur Omaha, 4 100 hommes et parmi les parachutistes et les membres des troupes aéroportées, 3 800 militaires.

En ce qui concerne les avancées dans les terres et donc l'établissement des têtes de pont, le bilan est en demi-teinte. L'objectif était d'établir une présence à l'intérieur des terres sur environ 80 kilomètres à l'arrière des cinq plages. En réalité, seule une jonction entre deux plages a été opérée entre Gold Beach et Juno Beach. Les têtes de pont sont tout de même établies sur plusieurs dizaines de kilomètres sauf dans le secteur d'Omaha Beach.

Enfin, même si Sainte-Mère-Église est libérée, quatre autres villes normandes auraient dû être prises par les Alliés selon le plan initial. Parmi celles-ci, les deux villes majeures de Caen et Bayeux sont toujours entre les mains des Allemands aux dernières heures du jour de ce 6 juin 1944. Alors que le soleil se couche sur la Normandie, le plus difficile va bientôt commencer avec son lot de mauvaises surprises et de retournements de situation : la bataille de Normandie, nouvelle phase de l'opération Overlord destinée à libérer l'Europe de l'Allemagne nazie.

Les grandes phases de la bataille de Normandie

Durant les dix premiers jours de la bataille de Normandie, les affrontements tournent plutôt à l'avantage des Alliés. Mais les Allemands tentent quelques offensives comme la 12e Panzer SS Hitlerjugend le 7 juin contre les Canadiens au nord-ouest de Caen. Il faut dix jours aux Britanniques pour prendre Tilly-sur-Seulles, située à 20 kilomètres à l'ouest de Caen. Les combats sont violents. La commune est prise puis reprise, avant d'être prise et encore reprise... Un coup les Allemands, un coup les Britanniques et des dizaines de fois. Dans cet effroyable va-et-vient, des centaines de soldats perdent la vie. Le 19 juin, les Britanniques libèrent enfin Tilly-sur-Seulles. Pendant ce temps, les Allemands sont obsédés par la mise en place d'une contre-attaque de grande envergure avec un seul objectif pour le moins ambitieux : rejeter tous les Alliés à la mer. Le général allemand von Schweppenburg commandant des 500 chars de la Panzer Lehr, de la 21e Panzer et de la 12e SS Hitlerjugend y croit dur comme fer. Il a établi son état-major au château de La Caine, à une petite vingtaine de kilomètres au sud de Caen. Le soir du 10 juin 1944, plus de soixante bombardiers attaquent le domaine, l'état-major est ravagé, tous les moyens de transmission anéantis et plusieurs officiers meurent dans ce raid à la fois violent et éclair. Von Schweppenburg est blessé mais vivant ; il sait néanmoins que sa contre-attaque rêvée n'est pas pour demain.

Un thé bien animé

À Villers-Bocage, le 13 juin 1944, des affrontements dignes des plus grands scénarios hollywoodiens vont marquer ces premiers jours de la bataille de Normandie. Les Britanniques de la 22e brigade blindée s'octroient une pause dans cette charmante commune. Les blindés sont stationnés dans les rues. Les soldats grillent quelques cigarettes, d'autres fument le cigare. Certains, bien équipés, préparent même l'eau du thé. Les habitants sont là, quelques échanges ont lieu entre les Normands et leurs libérateurs. L'ambiance est détendue et sereine. Brusquement, tout bascule. Un colosse d'acier blindé rugissant apparaît, c'est un char Tigre allemand. La puissance de frappe de ce modèle est incontestée, et en plus il pèse 55 tonnes. Aux commandes, Michael Wittmann, une centaine de victoires au compteur face aux Soviétiques sur le front de l'Est. Sa réputation est sans égale. Lui et ses hommes présents à l'intérieur dévastent tout sur leur passage. Soudain, le Tigre est atteint par un obus, fin de course pour Wittmann. Le voilà lui et son félin blindé enragé à l'arrêt sur un trottoir. Il parvient avec son équipée à prendre la fuite en courant. Mais il n'a pas dit son dernier mot. Accompagnés cette fois-ci d'autres blindés, les Allemands attaquent de nouveau les Britanniques retranchés à Villers-Bocage. Ces derniers sont prêts à en découdre. Après deux heures de combats et plusieurs Tigres explosés, les Britanniques ne sont toujours pas en position de force et des renforts allemands sont à l'approche. Ils sont obligés de renoncer, se replient sur Bayeux et donc reculent de 25 kilomètres au nord. Pour la 7e division blindée britannique, cet échec est synonyme de honte absolue. À l'inverse, les Allemands peuvent compter sur le numéro 2 du IIIe Reich et le chef de la propagande nazi Joseph Goebbels pour instrumentaliser cet épisode.

Les Américains à l'assaut du Cotentin (19-27 juin 1944)

L'offensive qui a pour but la prise et la libération de Cherbourg, port stratégique situé à la pointe du Cotentin, débute le 19 juin 1944 à 5 heures du matin. Sur leur passage, les Alliés découvrent ici est là des équipements qu'ils n'avaient certainement pas imaginés : des rampes de lancement de fusées allemandes V1 et une base défense d'entrer de lancement de V2 en chantier. Ces armes secrètes sont les ancêtres des missiles de croisière et sont vouées à être lancées sur des endroits précis, avec plusieurs kilos ou tonnes d'explosifs. L'avancée des Américains commandés par Bradley est contrariée par une tempête en mer Manche qui retarde l'acheminement des renforts de munition. Le 21 juin, les Américains sont aux abords de Cherbourg. Ils le savent bien, le port est hautement défendu. La batterie Hamburg à Fermanville est dotée de quatre canons de 240 mm. Deux lignes de défense allemande abritant des mitrailleuses et des mortiers protègent la ville et le port. Un ultimatum est lancé. Il impose la reddition, mais les Allemands ne répondent pas. Précédé par un bombardement venu des airs, aux alentours de midi, le 22 juin, l'assaut est donné. Les combats font rage pendant plusieurs jours. Les Américains sont entrés dans la cité portuaire le 25 juin, les affrontements ont lieu dans les rues de la ville. La flotte alliée participe aussi à la bataille et fait feu sur les positions ennemies. La résistance allemande ne faiblit pas. Trois destroyers, le croiseur Glasgow et le cuirassé Texas sont touchés. Mais ce dernier ne lâche pas prise pour autant. Il tire en plein dans le mille. Une des casemates de la batterie Hamburg de Fermanville est anéantie. Au fur et à mesure que les Alliés avancent dans la ville, l'amiral allemand Hennecke met en application son plan de destruction du port de Cherbourg et de son arsenal. Il est hors de question que les Alliés récupèrent les infrastructures intactes. Les quais de la gare maritime sont dynamités, des bateaux coulés, des mines déversées dans les bassins, le pont tournant est saboté. Hitler en personne se réjouira plus tard de l'extraordinaire destruction du port de Cherbourg. Le 27 juin 1944, la ville de Cherbourg est enfin libérée. Pour fêter la victoire, les soldats alliés vont mettre la main sur une cave exceptionnelle constituée de bouteilles de vin, de champagne et de spiritueux de renom. Les Allemands les avaient cachées dans un souterrain du Fort du Roule. Les Américains ont bien raison de profiter de quelques instants de répit. Les premières semaines de juillet vont s'avérer particulièrement éprouvantes. Ils vont bientôt subir l'épuisante et meurtrière bataille des haies dans le bocage normand. Plus à l'est, les Britanniques et les Canadiens sont en grande difficulté pour libérer Caen.

La libération de Caen

La ville de Caen devait être libérée au soir du 6 juin 1944 mais les Alliés vont mettre beaucoup plus de temps que prévu. Malgré de nombreuses tentatives, il faut attendre le 4 juillet pour l'assaut décisif. Les Canadiens vont jouer un rôle déterminant. Les soldats de la 3e division d'infanterie ont pour objectif la ville de Carpiquet, à 5,5 kilomètres au nord-ouest de Caen et son aérodrome. Ce secteur est déterminant car c'est l'un des pivots de la défense allemande autour de la capitale du Calvados. C'est l'opération Windsor. L'attaque est lancée le matin du 4 juillet 1944. Les combats de rue sont intenses. Les Canadiens sont opposés aux Allemands de la 12e Panzerdivision SS Hitlerjugend. Les tirs fusent dans tous les sens. Grâce à l'arrivée de renforts de chars équipés de lance-flammes, les Alliés repoussent les Allemands et prennent Carpiquet. Les Allemands se réfugient sur le site de l'aérodrome de Carpiquet et résistent aux assaillants. Les Allemands ont pris possession des hangars, bâtiments administratifs et blockhaus. Ces constructions sont parfaites pour se protéger, riposter et tirer sur les Canadiens. Les SS Hitlerjugend mènent alors une contre-attaque. Malgré les renforts, les Canadiens sont obligés de se replier à un peu plus de deux kilomètres dans le village de Marcelet. L'aérodrome fortement endommagé est pris le 9 juillet 1944 par les hommes du Queen's Own Rifles of Canada, régiment de la 3e division d'infanterie canadienne. Un officier des Royal Winnipeg Rifles, autre régiment de la 3e division d'infanterie canadienne, résume ces combats par ces quelques mots bien imagés : « Comparé à Carpiquet, le Jour J était un pique-nique d'écoliers le dimanche. » L'opération Windsor est un préambule à l'opération Charnwood destinée à libérer la ville de Caen. Le général britannique Montgomery, commandant des forces terrestres alliées, est bien décidé à prendre enfin la capitale du Calvados après un mois de vaines entreprises. Le 7 juillet, après 22 heures, 2 200 tonnes de bombes sont larguées sur le nord de Caen. À 23 heures, l'artillerie s'en prend aux villages situés au nord, nord-ouest de Caen. Les Britanniques et les Canadiens avancent inexorablement au nord, à l'ouest et au nord-est de la rive gauche de Caen. Le 9 juillet, les soldats canadiens et britanniques pénètrent dans les premières rues de la ville. À la mi-journée, ils sont dans le cœur de la ville. Devant l'Abbaye aux Hommes construite par Guillaume le Conquérant, des Canadiens se retrouvent nez à nez avec des civils caennais qui s'étaient réfugiés dans l'église abbatiale pour se protéger des bombardements. La rive gauche de Caen est libérée. Le 14 juillet 1944, le jour de la fête nationale est particulièrement célébré. En revanche, les Allemands sont toujours postés sur la rive droite, au-delà du fleuve l'Orne. La ville sera définitivement libérée le 19 juillet 1944.

La bataille des haies, l'enfer dans le bocage du Cotentin

Après la libération du port de Cherbourg à la fin du mois de juin, beaucoup d'Américains sont pleins d'espoir. Ils en sont persuadés, les Allemands ne vont pas tarder à être repoussés vers le sud du département de la Manche et ils seront bientôt en Bretagne. Les hommes de Bradley vont pourtant connaître un mois de juillet des plus difficiles. Les Allemands ont profité de l'offensive dans le Nord Cotentin et des combats dans Cherbourg pour stationner des troupes au sud.

La première étape délicate se situe à une quarantaine de kilomètres au sud de Cherbourg autour de La Haye-du-Puits. Il faut dix jours aux divisions américaines pour prendre ce secteur. Le bilan est catastrophique, les pertes alliées s'élèvent à 10 000 hommes pour 10 kilomètres conquis, le ratio est sans appel, un homme tombé pour chaque mètre enlevé à l'adversaire. Face à l'ampleur du carnage, le fameux général Theodore Roosevelt meurt d'une crise cardiaque en plein combat. Le 14 juillet, le général américain Bradley fait stopper les opérations.

À une quinzaine de kilomètres plus au sud, dans le bocage du Cotentin, la bataille pour la libération de Périers est tout aussi éprouvante. Les haies et les marécages dominent le paysage tout autour de la commune. Les combats se déroulent durant six jours. Les Américains n'atteignent pas leur objectif. Cette fois-ci, pour une progression d'à peine 6 kilomètres, 7 000 soldats américains sont morts, blessés ou portés disparus. Des attaques ennemies surgissent des haies pendant que de nombreux GI's s'enfoncent dans la boue. Le 9 juillet, les Américains sont à Sainteny, commune située à 9 kilomètres au nord de Périers.

Le général américain Bradley est tout à fait conscient du problème majeur : l'impossibilité d'atteindre la ville de Saint-Lô, dans le centre Manche. Et pourtant la prise de la capitale administrative de ce département est essentielle pour opérer la percée cruciale et partir en direction du sud et de la Bretagne. Alors il décide dans un premier temps de passer par l'ouest au lieu de filer tout droit. La nouvelle offensive commence le 11 juillet. Et de nouveau, les Américains et les Allemands s'adonnent à de féroces combats dans l'enfer des haies. Pour passer, les chars doivent défoncer les haies. Mais en roulant dessus et en les franchissant, le dessous du tank est dans un premier temps à découvert et le canon pointé vers le ciel. À cet instant, les Allemands font feu et le char est pulvérisé. L'avancée est lente, beaucoup trop lente. Les difficultés pour les Américains sont telles qu'ils ne comptent plus leur progression en kilomètres mais en champs conquis.

De leur côté, les Allemands profitent de ce paysage pour se cacher, guetter les Américains et tirer au moment opportun. Et partout, toujours la même tactique, des mitrailleuses lourdes sont disposées dans les angles des parcelles. Derrière les haies, des fantassins sont prêts à dégainer, équipés d'armes automatiques ou de fusils. Cette guerre des haies s'accompagne donc de tirs de mortiers, de rafales de mitrailleuses. Des obus tombent de tous les côtés. Les conditions météorologiques sont en plus désastreuses. Des GI's comme leurs adversaires sont blessés ou meurent dans des circonstances effroyables. Dissimulés derrière des haies, des Allemands sont parfois écrasés par les tanks alliés. Ceux qui ont creusé des trous pour se positionner sont ensevelis sous la terre déplacée par la puissance des chars d'assaut. Côté américain, le nombre moyen de soldats morts au front chaque jour est passé de 250 en juin à 400 en juillet. Pour les blessés, le nombre s'élève à 1 500 en juillet contre 870 en juin.

Le 18 juillet après de terrifiants combats, une partie de la 29e division américaine entre enfin dans Saint-Lô mais sans scènes de liesse ou de joie. La ville est presque totalement détruite. Le décor est apocalyptique, la mort règne au beau milieu de ces amoncellements de gravats et de pierres. La Libération révèle un triste visage dans la « capitale des ruines. »

L'opération Cobra et la percée d'Avranches

À peine Saint-Lô et le nord du Cotentin conquis, les Américains pensent déjà à reprendre la route plein sud vers la Bretagne. C'est l'opération Cobra. Le général américain Bradley compte bien être aidé par les bombardements de l'aviation. Prévue pour le 20 juillet, l'offensive est reportée au 24 en raison de la météo détestable. Bradley souhaite une nouvelle fois ajourner l'opération mais les avions ont déjà décollé.

Elle débute finalement le 24 juillet 1944 et elle commence mal. À cause d'une mauvaise visibilité, les pilotes commettent plusieurs bavures et bombardent leurs camarades. Les champs sont labourés, les GI's pris au piège sont épouvantés de constater que des avions de leur propre camp les atteignent. 150 soldats de la 30e division américaine sont tués par des bombes… américaines. Le général Bradley entre dans une colère noire, non seulement des hommes de ses troupes sont morts mais les aviateurs n'ont pas suivi ses instructions. Le lendemain, le sort s'acharne. Le 25 juillet, plus de 2 000 bombardiers survolent le ciel de la Manche. Les fumées au sol qui devaient leur servir de repères sont déportées en raison de vents faibles. Les bombes touchent de nouveau les positions américaines. Les pauvres GI's sont une nouvelle fois victimes des bombes américaines. Les 9e et 30e divisions américaines comptent près de 100 morts et 500 blessés. Comble de l'horreur de cette bavure : le général NcNair, commandant en chef de l'armée de terre des États-Unis présent en tant qu'observateur, est tué. Les Allemands sont aussi touchés par des bombardements massifs. La Panzer Lehr est décimée, près des trois quarts des combattants sont tués.

À partir du 26 juillet l'avancée des Américains se fait de plus en plus rapide, le 27 juillet tout s'accélère. Les troupes et les divisions blindées progressent vers le sud de plus en plus rapidement. Le 30 juillet, Avranches, la capitale du sud Manche, est atteinte. Les Allemands ne sont pas informés que les Américains sont déjà dans la ville et décident alors d'y retourner. De nouveaux affrontements éclatent. Finalement, Avranches est libérée le 31 juillet 1944. Le 1er août, le général américain George Patton à la tête de sa troisième armée s'engouffre dans la brèche. À 7 kilomètres au sud d'Avranches, les Américains parviennent à Pontaubault. La voie vers la Bretagne est ouverte. Rennes est libéré le 4 août 1944. Autre point positif de cette victoire en ces premiers jours du mois d'août 1944, l'accès au Mont-Saint-Michel est de nouveau possible. Montgomery et Eisenhower n'hésiteront pas à visiter la Merveille. Si durant l'Occupation la langue allemande était à l'honneur sur les menus, la langue de Shakespeare sera bientôt de nouveau privilégiée.

La poche de Falaise
La bataille décisive

En ce début du mois d'août 1944, l'étau se resserre sur les armées allemandes. Contrairement aux rêves ou aux fantasmes de certains généraux allemands et même du Führer, les Alliés n'ont pas reculé et n'ont pas été repoussés jusqu'à la mer malgré une résistance farouche. Bien au contraire, leurs progressions dans les terres ont été plus longues et plus dures que prévu mais elles sont bien réelles. Irrémédiablement, les Allemands sont chassés peu à peu de la Normandie. Les 6 et 7 août, Hitler tente une dernière contre-attaque à Mortain mais c'est un nouvel échec. Le 12 août 1944, les troupes allemandes entament leur retrait. À partir de cet instant, les armées alliées commencent à mettre en œuvre l'assaut décisif. Une course contre la montre s'engage. Les Alliés veulent cerner l'ennemi et donc clore le plus rapidement possible leur encerclement. À l'inverse, les Allemands souhaitent s'extraire de cette poche qui se resserre inexorablement avant que le piège ne se referme.

Dans leurs premiers déplacements, les Alliés font pression sur les unités allemandes par l'ouest, le nord-ouest et le sud. Le 17 août, la poche dans laquelle sont coincés les Allemands tend à se rétrécir. À l'est, il reste une ouverture de seulement 22 kilomètres entre Falaise et Argentan. Montgomery décide à cet instant de presser le mouvement. Le 19 août, le cercle est presque fermé à hauteur de Chambois et Saint-Lambert-sur-Dive, villages du département de l'Orne. Il ne reste plus qu'un court espace d'à peine 3 kilomètres aux 80 000 Allemands encore présents pour prendre la fuite. Ce corridor prendra le tragique surnom de « couloir de la mort. » Les minutes sont comptées.

En pleine situation pour le moins délicate, Model, le nouveau commandant en chef des armées allemandes à l'Ouest, a la brillante idée de mettre sur pied une nouvelle contre-attaque. Le principe est simple : prendre en sandwich l'adversaire. Depuis l'intérieur de la poche, des troupes doivent tenter de transpercer les lignes adverses pendant qu'à l'extérieur d'autres unités partent à l'assaut des Alliés. Le 20 août, les soldats alliés polonais commandés par Maczek se retrouvent cernés au sommet du mont Ormel. Ils ne sont que 1 500, disposent de 80 chars seulement et sont attaqués de tous les côtés par des Allemands qui ne sont pas près d'abandonner : le IIe corps SS Panzer dont fait partie la redoutable 2e SS Panzer Das Reich. Les renforts tardent à arriver et ils ne peuvent pas compter sur l'aide de l'aviation, les conditions météo sont encore une fois trop mauvaises.

Entre la contre-attaque allemande, les Alliés qui veulent boucler la poche et les Allemands en sortir à tout prix, le chaos est ahurissant. Le matin du 22 août 1944, les combats sont terminés mais le désastre est saisissant. Entre 5 000 et 6 000 corps de soldats jonchent la terre normande. 5 000 véhicules calcinés à la carcasse encore fumante sont étalés sur le champ de bataille. Des cadavres d'animaux sont éparpillés. Le général Eisenhower s'est rendu sur le site et a gardé un souvenir ému de la découverte de cet odieux massacre. Il écrira plus tard dans ses mémoires : « C'était un spectacle que seule la plume de Dante eût pu décrire. On pouvait avancer sur des centaines de mètres sans interruption, en ne marchant, littéralement, que sur des chairs mortes et pourrissantes. »

Parmi les survivants allemands, entre 30 000 et 40 000 ont été faits prisonniers alors que 45 000 sont parvenus à s'extirper du piège allié. La bataille de la poche de Falaise ne marque pas la libération totale de la Normandie. Pendant que des armées alliées accompagnées des Français de la 2e Division Blindée du général Leclerc se dirigent vers Paris, d'autres unités font route vers la Seine et le nord de la Normandie. Lisieux, la capitale du Pays d'Auge, est libérée le 23 août 1944, Rouen le 30. Après de terribles bombardements alliés, le port du Havre est la dernière ville normande libérée le 12 septembre 1944.

POLOGNE
CHAUN

L'incroyable machinerie alliée

Tout au long du Débarquement et de la bataille de Normandie, les Alliés font preuve d'une imagination et d'une ingéniosité extraordinaires. Ils sont les concepteurs et les fabricants d'engins aussi farfelus qu'utiles ; ils construisent des ports artificiels, mettent en place des aérodromes temporaires, et étirent un oléoduc sous-marin. Si les infrastructures et les engins de cette incroyable machinerie sont plus surprenants les uns que les autres, leur efficacité n'est pas pour autant toujours au rendez-vous.

Le général britannique Percy Hobart est à la tête de l'unité en charge d'inventer les équipements inédits dont les chars Sherman seront dotés. Une fois transformés, ces chars portent des surnoms cocasses en rapport bien sûr avec leur fonction. Les plus célèbres sont les chars amphibies. Leur mission est d'accompagner les premiers fantassins au moment du débarquement. Mais comment atteindre le rivage alors que l'arrivée se fait par la mer et à marée montante ? La réponse est simple : les chars doivent pouvoir être jetés à l'eau et naviguer pendant quelques mètres. Un ingénieur hongrois se penche sur la question et invente un procédé révolutionnaire. Une jupe de toile étanche et pliable entoure le char et des hélices assurent la propulsion du tank. Ces engins amphibies sont appelés les DD pour *Duplex Drive*. S'ils provoquent la surprise des Allemands, ils sont parfois mis à l'eau trop tôt, les systèmes sont mal actionnés ou défaillants. Par exemple, à Omaha Beach, sur 32 chars amphibies mis à la mer le 6 juin 1944, 27 ont sombré emportant avec eux les équipages piégés à l'intérieur. Les chars « Crabe » sont aussi entrés dans la légende technologique du D-Day. Équipés de longues pinces d'acier, ils sont utilisés par les équipes de génie pour déblayer le terrain et faire sauter les mines. Les chars « Pétards » sont employés pour enfoncer et exploser les défenses allemandes en béton armé, les blockhaus, les embrasures des bunkers et les murs antichars. Un puissant mortier de 290 mm remplace le traditionnel canon et peut projeter de redoutables munitions explosives baptisées par les militaires les « poubelles volantes. » Les chars « Crocodile » sont particulièrement efficaces, dotés de lance-flammes, leur langue de feu peut atteindre jusqu'à 160 mètres. Tous ces chars aux dispositifs et à l'allure improbables prennent le surnom de « Funnies », ce qui pourrait être traduit en français par « drôleries ». Mais l'imagination des Alliés ne s'arrête pas là, un système sera créé au cours de la bataille de Normandie. Pour l'opération Cobra, destinée à ouvrir la voie vers la Bretagne depuis le Cotentin, des *hedgecutter*, « coupe-haies », sont placés à l'avant des chars. Les Américains peinent tellement à franchir les haies que le sergent Culin crée ce matériel pour favoriser la progression des troupes. Ces ustensiles sont bien utiles mais ne sont pas considérés déterminants dans le succès de cette offensive.

Pour remporter la bataille de Normandie, il est capital d'assurer un ravitaillement en hommes, matériels, munitions et vivres suffisant et surtout permanent. Des ports artificiels sont mis au point par les Britanniques. Le nom de code est « Mulberry ». Deux ports artificiels sont construits après le débarquement : le Mulberry A en secteur américain à Omaha Beach et le Mulberry B en secteur britannique à Arromanches. Ces infrastructures sont ingénieuses et impressionnantes. Des caissons en béton appelés Phénix sont disposés tout autour du port et en délimitent ainsi les contours. Leur vocation est de contrer les vagues. Ces digues artificielles sont complétées par de vieux navires voués à être démantelés mais qui sont coulés pour faire office de brise-lames, ce sont les *blockships*. À l'intérieur de ce dispositif hors norme, des chaussées et des quais flottants, adaptés au va-et-vient des marées sont ensuite mis en place pour rejoindre le rivage. Dès le 7 juin 1944, 150 caissons Phoenix sont remorqués d'Angleterre vers la Normandie. Les premiers déchargements sont opérés à la mi-juin. Mais une violente tempête frappe le littoral du 19 au 22 juin. Le port artificiel Mulberry A en secteur américain est totalement disloqué, les dégâts sont énormes, les Alliés décident de l'abandonner. Celui d'Arromanches est touché mais il n'est pas anéanti. Après quelques réparations, le trafic s'intensifie. La dernière semaine de juin, 3 500 tonnes sont déchargées quotidiennement sur le Mulberry B, 4 300 au début du mois de juillet. Au cœur de la bataille de Normandie et de l'été 44, 20 000 tonnes d'équipements et de vivres sont débarquées chaque jour au port artificiel d'Arromanches. Ce chef-d'œuvre technologique sera en service jusqu'en octobre 1944. Pour autant, a-t-il été une pièce maîtresse de la victoire des Alliés ? La réponse est définitivement non. Les Américains ont souvent débarqué davantage de matériels, de véhicules et d'hommes sur leurs plages qui n'étaient pas reliées à un port artificiel. En revanche, la prouesse technique des Mulberries est indiscutable.

Durant la bataille de Normandie, pour être au plus près des affrontements, les Alliés vont aussi bâtir une cinquantaine d'aérodromes. Les lieux d'implantation ont été établis d'après les relevés de la reconnaissance aérienne réalisés avant le débarquement. Des pistes d'environ 1 500 mètres de long en plaques métalliques ou en toiles bitumées sont déployées à travers champs. Le terrain est préparé en amont, des arbres ou des haies sont arrachés à grand renfort de bulldozers. Des campements et des hangars sont aussi implantés. Jusqu'à deux semaines sont nécessaires pour la construction et l'aménagement de ces aérodromes sous le regard souvent médusé des habitants.

Le carburant est crucial pour vaincre l'ennemi et permettre aux divisions alliées de progresser. Un oléoduc sous-marin baptisé PLUTO pour *Pipe-Line Under The Ocean* est mis au point. Il relie l'île de Wight à Cherbourg et s'étire donc sur plus de 100 kilomètres. Mais hélas, il n'a pas été très efficace. Sa mise en service pourtant prévue pour la vingtaine de juin est continuellement retardée à cause des destructions causées par les Allemands lors de la bataille pour la libération de Cherbourg mais aussi en raison d'avaries techniques. PLUTO commence à acheminer le carburant seulement à partir de la mi-septembre. Mais le débit est trop faible, au bout de quinze jours, les vannes sont coupées. L'essence sera transportée par tankers qui desserviront les plages et les sites indiqués avec de classiques pipelines.

Être soldat

Au plus fort de la bataille de Normandie, 1 600 000 combattants alliés et 510 000 soldats allemands sont engagés dans les affrontements. Mais il y a en réalité bien plus de nationalités représentées dans les corps d'armées que ce que l'on pourrait croire. Définir les militaires du D-Day et de l'été 44 par Américains, Britanniques, Canadiens, Allemands est beaucoup trop réducteur.

Du côté allié, le cas des Français du commandant Kieffer débarqués le Jour J sur la plage de Colleville a déjà été présenté. Certes, les 177 bérets verts sont les uniques fantassins français du 6 juin mais ils ne sont pas les seuls Français à prendre part aux opérations du débarquement. Des compatriotes sont intégrés aux forces navales et aériennes alliées. Durant la bataille de Normandie, d'autres Français s'illustrent comme les membres de la 2e Division Blindée du général Leclerc qui débarquent à Utah Beach le 1er août 1944. Le Jour J et durant tout l'été 44, des Polonais, des Danois, des Norvégiens, des Belges, des Néerlandais, des Luxembourgeois, des Tchécoslovaques se battent contre l'Allemagne nazie. Des hommes viennent même de l'autre bout du monde, du Commonwealth, ces territoires appartenant anciennement à l'Empire britannique. Des Néozélandais et des Australiens sont présents en Normandie. Des Juifs allemands réfugiés en Angleterre pour fuir l'Allemagne nazie sont aux côtés des troupes britanniques qui débarquent à Sword Beach, ils font partie de la Troupe X. Si jamais ils sont arrêtés par l'adversaire, sur leur plaque d'identité figurent un nom anglais et une indication comme quoi ils seraient anglicans. Les Alliés seront parfois surpris de la nationalité de certains soldats sous uniforme allemand faits prisonniers au fil des combats.

Le plus étonnant est sans doute ce Coréen qui se retrouve au sein de la Wehrmacht bien malgré lui sur les plages de Normandie. La Corée étant une colonie du Japon depuis 1910, le dénommé Kyoungjong Yang se retrouve à servir dans un premier temps l'armée japonaise en Chine. En 1939, au cours de combats à la frontière avec l'URSS, il est fait prisonnier par les Soviétiques et envoyé dans un camp en Sibérie. En 1942, l'URSS a besoin de renforts sur le front de l'Est, le voilà enrôlé dans l'Armée rouge. Lors de la bataille de Koursk en 1943, c'est au tour des Allemands de l'emprisonner. Mais la Wehrmacht manque cruellement d'hommes en Normandie, il intègre alors la 709e division et tombe aux mains des Américains dans le Cotentin en juin 1944.

Ces étonnantes rencontres ne sont pas rares. Dans le secteur d'Utah Beach, le Jour J, la 4e division d'infanterie américaine rencontre une unité de cavalerie allemande dans laquelle sont incorporés d'anciens prisonniers de l'Armée rouge. Les citoyens soviétiques combattant dans l'armée allemande sont désignés par ce terme : *Osttruppen*, « troupes de l'Est ». D'autres Soviétiques sont appelés les « Hiwis » pour *Hilfwillige*, auxiliaires volontaires en français. Ils s'occupent de la logistique, sont cuisiniers ou chauffeurs. Tous ces Soviétiques sont 33 000 en Normandie en cet été 44. Certains ont préféré rejoindre la Wehrmacht pour éviter les conditions exécrables de détention, d'autres ont été transférés directement une fois faits prisonniers du front de l'Est vers l'Ouest pour grossir les effectifs. Enfin plusieurs d'entre eux se sont engagés volontairement car sont opposés au communisme et au régime de Staline.

Dans la nuit du 5 au 6 juin, les soldats d'une défense allemande se rendent dans des conditions hors du commun. À l'intérieur du bunker, une dizaine de Polonais enrôlés dans la Wehrmacht et leur supérieur allemand. Pour les Polonais, il est impossible de tuer des Américains. Ils abattent donc l'Allemand qui les dirige, éclatent de rire et se rendent aux Libérateurs.

Entre soldats, des meurtres, des exactions et des actes cruels sont commis tout au long des combats en Normandie. Le 8 juin 1944, une soixantaine de soldats canadiens prisonniers des Allemands sont exécutés, 26 au château d'Audrieu et 35 au bord d'une route en direction de Fontenay-le-Pesnel. Les auteurs de ces massacres seraient des SS qui auraient agi en représailles après l'attaque mortelle à l'encontre du commandant du régiment d'artillerie de la Panzer Lehr, le colonel Luxenburger, de son adjoint et de sept soldats. Le cercle vicieux de la vengeance serait-il enclenché ? Quelques jours plus tard, des civils normands disent avoir croisé des soldats canadiens indiens avec des scalps de SS accrochés à leur fusil. Cette évocation n'est pas sans rappeler le scénario du film *Inglorious Basterds* de Quentin Tarantino où Brad Pitt est à la tête d'un groupe de soldats américains qui a pour mission de tuer des nazis, lui et ses hommes prenant un malin plaisir à collectionner les scalps de SS. Au mois de juillet, dans le secteur de Carpiquet, un résistant caennais déclare s'être retrouvé face à des cadavres de SS dont le nez avait été coupé. Dès les premières heures du Jour J, d'épouvantables crimes sont commis. Des parachutistes de la 82e Airborne coincés dans les arbres au moment de l'atterrissage sont brûlés au lance-flammes. À quelques kilomètres de là, un autre para demande à un de ses camarades pourquoi il a des gants qui ne sont pas distribués par le commandement. En guise de réponse, il sort de sa poche une ribambelle d'oreilles allemandes coupées et enfilées comme des perles à un lacet. Le doute n'est plus permis, il a piqué ces gants aux Allemands qu'il a tués. Des parachutistes de la 101e Airborne affirment avoir découvert la dépouille de deux frères d'armes avec leurs parties intimes découpées et placées dans la bouche. Il est important de souligner que seules les effroyables exécutions des soldats canadiens sont considérées comme des faits historiques. Les autres récits sont des témoignages.

Côté Alliés, les combats d'une intensité et d'une violence inouïes ainsi que les crimes commis tout au long de l'été 44 affectent psychologiquement les soldats. L'historien Olivier Wieviorka livre une analyse fine et passionnante des névroses déclenchées à la vue d'autant d'atrocités. Certains combattants veulent déserter ou se mutilent pour éviter de monter au front. Selon des rapports psychiatriques de la 1re armée, de nombreux militaires se suicident et leur nom apparaît dans les registres militaires sous la mention « Mort au combat ». Terrorisés par les images des corps mutilés, le bruit assourdissant des bombes et de la mitraille, et l'indéfectible peur de mourir, les soldats sont victimes de divers troubles psychologiques. Certains reconnaissent uriner sur eux ou ne plus contrôler leurs sphincters. Par exemple, au total, en août 1944, la 1re armée américaine recense 5 669 cas psychiatriques, soit 36 % des pertes non mortelles. Les Britanniques et les Canadiens sont aussi concernés. Un pic est atteint dans la vingtaine de juillet. Il existe une corrélation entre le piétinement ou les échecs des armées alliées et l'augmentation des craquages psychologiques.

Les autorités tentent de trouver des solutions pour y remédier mais les Alliés ne sont pas d'accord. Les Américains sont partisans d'une prise en charge sur les lignes, les Britanniques défendent l'évacuation pure et simple. Finalement, au fil des jours, c'est la méthode américaine qui va s'avérer la plus efficace. À partir de juillet, les Britanniques tentent de limiter l'évacuation permanente des soldats en souffrance au Royaume-Uni. Côté américain, dans chaque compagnie, un officier est chargé de repérer un combattant au comportement étrange et nerveux. Pour prévenir un éventuel écroulement psychologique, il quitte le front pour l'intendance à l'arrière. Très vite, la grande majorité émet le désir de retourner combattre. Si un cas est jugé plus préoccupant, le GI est soigné dans l'infirmerie de son bataillon ou de son régiment pendant 24 heures. Un repas chaud lui est servi, il se lave et se repose. Soit il est apte à retourner au front, soit son état n'est pas satisfaisant. Alors il est transféré dans un espace réservé à sa division pour 72 heures avec une possibilité d'extension de 24 ou 48 heures. En plus d'un certain confort, il peut parler de ses troubles à des personnes attentives et des sédatifs peuvent lui être administrés. Les GI's les plus perturbés sont déplacés dans les hôpitaux ou camps de repos divisionnaires. Une psychothérapie est proposée et des médicaments délivrés. Les cas les plus extrêmes sont évacués.

Si un encadrement est prévu pour les militaires qui combattent en Normandie au cours de l'été 44, en revanche, il n'existe pas de cellules psychologiques pour accompagner les civils normands. Pourtant, une grande partie de la population est traumatisée par les bombardements, leurs villes en ruines, la perte de leurs proches ou le fait d'être prise au piège au cœur des affrontements.

Les civils au cœur du Débarquement et de la bataille de Normandie « La liberté tombe du ciel ! »

Dans les premières heures du Jour J, au cœur de la nuit, certains Normands rencontrent leurs premiers libérateurs : les parachutistes. Les largages sont approximatifs voire complètement loupés, de nombreux paras se retrouvent alors dans des cours de ferme, dans des jardins de maison, dans des champs entourés de vaches, sur les toits ou dans les arbres de propriétés. Les Normands se retrouvent nez à nez avec ces soldats arrivés des cieux qui, dans l'immense majorité des cas, ne parlent pas un mot de français ou un français approximatif. De nombreux Normands quant à eux parlent avec un accent plus ou moins prononcé quand ils ne tentent pas d'échanger dans un patois ben d'chez eux. Dans ces circonstances, le langage des signes ou le petit lexique distribué aux soldats seront privilégiés. Face à ces invités surprise, les Normands sont aussi stupéfaits que ravis. Mais très vite, le stress, l'urgence d'agir et souvent la peur remplacent la joie ou l'étonnement. Les braves Normands comme les parachutistes le savent : les Allemands sont là, autour d'eux, et peuvent arriver à tout moment. De plus, les paras sont censés rejoindre des lieux de regroupement pour mener à bien leur mission. Dans ces premiers instants du D-Day, des civils normands vont alors héberger des parachutistes au péril de leur vie, les inviter à leur table, leur apporter des repas dans leur cachette et leur transmettre des indications géographiques. Ces Normands, improvisés hôtes d'accueil spéciaux des paras, portent un nom dans l'histoire du Jour J : Les *Helpers*, les aidants en français. Un des Helpers les plus emblématiques s'appelle Charles Levaillant, il habite Videcosville, bourgade du nord-est du Cotentin. Il a 20 ans le 6 juin 1944, quand des parachutistes atterrissent dans le champ de la ferme familiale. Rencontré en 2014, Charles Levaillant raconte : « Ils ont fait de grands signes, je me suis approché et là j'ai vu deux soldats qui ne comprennent pas le français. Ils sortent leur bouquin franco-américain. Ils me disent que c'est le débarquement, qu'ils sont américains et parachutistes. Ils étaient bien contents de nous trouver, ils ont fait confiance dès le départ. » Avec son regard pétillant, Charles Levaillant ajoute cette phrase mythique : « Quand on a 20 ans et que la Liberté vous tombe du ciel : c'est une aubaine ! » Charles et son frère Hubert ont accueilli au total 32 parachutistes. Certains sont cachés dans le grenier de la grange mais la famille Levaillant met un point d'honneur à recevoir à leur table les parachutistes. Depuis cet épisode mémorable, un lien d'amitié s'est tissé entre Charles et l'un des parachutistes, le capitaine Hawkins, capitaine dans la 82e *Airborne*. Une petite photo du para encadrée et entourée des drapeaux de la France et des États-Unis est posée sur un des meubles de la salle à manger. Après la guerre, le capitaine Hawkins est même revenu trois fois revoir Charles Levaillant. Sa dernière visite remonte à juin 1984 pour le 40e anniversaire du Débarquement. Alors qu'il voulait venir avec toute sa famille assister aux cérémonies du 50e anniversaire, le capitaine Hawkins est décédé en 1989. Pour les services rendus aux parachutistes américains, Charles et Hubert Levaillant ont reçu officiellement des États-Unis la médaille de la Liberté.

Les Normands et leurs Libérateurs

Sur le littoral, précédant l'assaut, les Normands sont réveillés par les bombardements alliés menés sur les défenses allemandes côtières. Et les premiers drames surviennent. À Maisy, commune du Calvados entre Utah et Omaha Beach, des bombes de la RAF, Royal Air Force, visent une batterie allemande mais tuent une dizaine d'habitants. Puis plusieurs heures plus tard, viennent les tirs et les bombardements de la flotte alliée. À Colleville-sur-Mer, secteur d'Omaha Beach, aux alentours de 6 heures du matin, un couple se prépare à quitter sa maison quand les murs sont soudainement soufflés, les planchers se soulèvent et les vitres explosent. Les civils sont aussi impressionnés par l'armada qui surgit et se déploie sous leurs yeux. Le 6 juin 1944, en secteur canadien et britannique où il y a plus de propriétés en bord de mer que du côté des Américains, six habitants sont tués à Langrune-sur-Mer, neuf à Courseulles-sur-Mer et entre quinze et vingt à Saint-Aubin-sur-Mer et Bernières-sur-Mer. Quand le jour se lève et durant toute la journée du Débarquement, les premiers Normands à entrer en contact avec les fantassins arrivés par la mer sont bien sûr les habitants de la côte ou ceux des terres qui font face à ces plages du Débarquement. Les sentiments sont partagés de part et d'autre, côté normand comme côté alliés. Il est vrai que des GI's aiment distribuer ici et là des bonbons, des cigarettes, des chocolats. Mais beaucoup sont aussi méfiants et craignent les réactions de civils qui pourraient être des collaborateurs ou enclins à donner des informations aux Allemands.

Par exemple, à Utah Beach, la 4e division d'infanterie américaine s'en prend à quelques civils croisés dans les terres et les emmène mains sur la tête sur la plage pour les interroger aux côtés de prisonniers de guerre allemands. Ces Normands sont finalement envoyés en Angleterre à bord d'un bateau transportant les troupes. Ils ne reverront leur terre libérée qu'en juillet 1944. Ailleurs, des points de rassemblement de la population sont définis et certains habitants sont encadrés par des militaires pour s'y rendre. Il ne faut donc pas imaginer des scènes de liesse partout et tout le temps avec une fraternisation permanente comme la propagande alliée a pu le laisser penser à renfort d'images bien contrôlées. Bien sûr, beaucoup de Normands sont aussi fiers et heureux d'accueillir les Alliés et n'hésitent pas à offrir un ou plusieurs verres de Calvados. La célèbre goutte normande deviendra un des emblèmes de l'accueil réservé aux libérateurs par les Normands.

À Bernières-sur-Mer, en secteur canadien, se produit une rencontre extraordinaire. Les habitants n'en reviennent pas et surtout n'en croient pas leurs oreilles. Des Libérateurs parlent le français. Certes, ils ont un accent bien particulier, mais ils se comprennent réciproquement. Ce sont les soldats canadiens francophones du régiment de la Chaudière. Des habitants leur offrent des pichets de cidre pour trinquer au débarquement, une femme apporte quelques fleurs. Toujours à Bernières-sur-Mer, un bar est ouvert dans la matinée pour boire un verre à la victoire et partager quelques victuailles. Les soldats mangent et boivent avec plaisir. Pourtant, leurs officiers leur avaient conseillé de ne pas consommer de produits offerts par les Français de crainte qu'ils aient été empoisonnés.

Des aventures sexuelles ou des histoires d'amour vont naître entre des libérateurs et les Normands. Selon une étude des services des armées américaines réalisée en 1945, 75 % des GI's qui ont combattu en Europe ont eu des relations sexuelles et la moitié ont utilisé des préservatifs. Certaines Françaises fraternisent et se marieront, beaucoup de ces Normandes émigreront aux États-Unis pour fonder une famille alors que d'autres vivront de réelles déconvenues. Des coups de foudre ont lieu sur les plages comme sur Sword Beach. Le 6 juin 1944, une jeune infirmière débarque sur le front de mer pour retrouver son maillot de bain oublié la veille dans une cabine. À la vue des blessés, elle n'hésite pas une seconde et prodigue des soins. Elle intervient pendant deux jours en secteur britannique et fait la connaissance d'un jeune officier anglais qu'elle épousera quelque temps plus tard.

Mais l'histoire des relations intimes entre Françaises et libérateurs n'est pas seulement romantique. Malheureusement, des femmes sont victimes d'agressions sexuelles et violées. Selon les chiffres des 1re et 3e armées américaines, 67 viols ou tentatives de viols ont été commis aux mois d'août et septembre 1944. Le 26 août 1944, une fleuriste de Cherbourg est violée par quatre soldats américains. Les autorités sont très sensibles à ce problème grave. Les enquêtes démontrent que la frustration et le manque de sexe sont une des causes importantes. Mais dans au moins la moitié des cas, l'alcool est un facteur aggravant. Le Calvados est distribué aux unités généreusement par les Normands. Mais les soucis de communication ne permettent pas aux civils d'appeler à la modération et d'expliquer les forts degrés d'alcool. Une fois identifiés, les coupables sont sévèrement punis. Beaucoup sont condamnés à la prison ou à des travaux forcés, d'autres sont pendus ou exécutés. D'autres crimes et des délits sont aussi commis, également condamnés et réprimés. Sur cette question délicate, l'histoire continue de s'écrire et toutes les archives ne sont pas encore ouvertes. Selon l'historien Michel Boivin, pour le seul département de la Manche, 208 viols et 30 meurtres sont recensés.

ALORS!
HEUREUX ?
Chaunu

L'enfer des bombardements

Les heures qui suivent le débarquement vont être terrifiantes et meurtrières pour beaucoup de Normands, surtout dans les villes. Le temps est venu des effroyables bombardements alliés. L'offensive alliée s'accompagne d'un vaste plan de destruction. Le principe est à la fois simple et mortifère : ralentir et empêcher les mouvements des troupes allemandes, anéantir les nœuds de communication et démolir les infrastructures ferroviaires ou les ponts. Au sein même de l'état-major les avis divergent. Les Britanniques n'ont aucun scrupule, les Américains sont plus mesurés et ne sont pas pour un bombardement systématique des villes normandes. Finalement, le débat est tranché en faveur des Britanniques pour le plus grand malheur des civils normands. Pour prévenir de l'imminence des bombardements, des tracts avec des messages d'alertes sont lancés par avion. Mais trop souvent déportés par le vent ou largués au mauvais endroit, les habitants des villes n'en prendront jamais connaissance et ne quitteront donc pas leurs communes en temps et en heure.

Le premier bombardement aérien à Caen a lieu le 6 juin 1944 à 7 heures du matin sur une caserne et sur la gare.

Les premiers bombardements de plus grande ampleur frappent la ville en plein milieu de journée à 13 h 30. Mais les 70 bombardiers américains ratent leur cible. Au lieu de démolir les ponts sur l'Orne, les bombes tombent en plein centre-ville dans les rues et sur des habitations. Alors que les sauveteurs sont en pleine intervention et que de nombreux civils errent au milieu des gravats, une nouvelle vague de bombes déferle sur la ville à 16 h 30. De nombreux édifices et institutions sont en feu comme l'inspection académique ou quelques bâtiments de l'hôpital psychiatrique du Bon sauveur, des internées sont prises au piège des flammes. Le chaos est total. Les objectifs des avions alliés sont encore manqués. L'eau coule toujours sous les ponts qui enjambent l'Orne.

Dans la soirée du 6 juin, c'est autour d'autres villes normandes d'être frappées par les bombes alliées aux alentours de 20 heures. Parmi ces villes, Lisieux et Vire dans le Calvados ou encore Saint-Lô dans la Manche, Flers dans l'Orne, la liste est longue. Puis à peine rentrés en Angleterre, les bombardiers alliés s'envolent de nouveau vers le ciel de Normandie avec leur funèbre cargaison. À 1 h 30 du matin, un déluge de feu s'abat sur Lisieux, la capitale européenne du bois sculpté, capitale du Pays d'Auge. Célèbre pour ses pans de bois séculaires, la ville brûle beaucoup trop rapidement. Les incendies se répandent comme une traînée de poudre. Certains habitants l'affirment : pour amplifier l'horreur des brasiers et l'effet dévastateur des bombardements, des Allemands arrosent avec leurs lance-flammes certaines maisons. Une heure plus tard, Caen est touché par un nouveau raid entre 2 h 30 et 3 heures du matin. Pendant trente minutes, un flot de bombes incessant tombe sur la ville de Guillaume le Conquérant. Bien d'autres villes sont ravagées au cœur de cette nuit tragique du 6 au 7 juin 1944. Quand le jour se lève sur la Normandie, le spectacle de désolation est partout le même : de la poussière, des ruines fumantes, des cadavres, des corps déchiquetés. Les habitants de Saint-Lô, préfecture de la Manche, ont vécu une nuit effrayante, la ville est dévastée et sera surnommée « la capitale des ruines » par le dramaturge Samuel Beckett. Le bilan est lourd. 3 000 Normands sont morts, un nombre proche de celui des soldats alliés tués au combat lors du Débarquement. En fonction des opérations, d'autres bombardements alliés auront lieu durant l'été 44.

D-Day

Fuir les bombardements et les affrontements L'exode de 1944

Pour échapper aux bombardements et aux combats du Jour J et de la bataille de Normandie, les habitants fuient leurs habitations ou tentent de trouver un refuge pour se mettre à l'abri. En ce mois de juin et cet été 44, un nouvel exode a lieu pour les civils. 150 000 Normands sont jetés sur les routes, les chemins et à travers la campagne. L'exemple d'une des plus anciennes familles de Lisieux, la famille Leterrier, est tout à fait probant. Dans la nuit du 6 au 7 juin 1944, à peine les premiers retentissements entendus, Madeleine Leterrier et ses trois filles, Denise, Jeannine et Simone, quittent à la hâte leur maison du centre-ville, place Gambetta. Avec elles, plusieurs voisins et voisines. Leur idée : gagner au plus vite les hauteurs de la ville. Une course contre la mort s'engage. Impossible de se retourner, elles n'emportent rien avec elles à part quelques vêtements chauds. Puis elles montent l'avenue de la basilique Sainte-Thérèse de Lisieux avant de rejoindre un champ situé derrière le cimetière. D'autres civils sont présents. Une atmosphère macabre hante les lieux. Face à elles, le funeste martyr de la ville. L'émotion est immense quand elles assistent impuissantes à la destruction de Lisieux sous un déluge de feu. Après s'être reposées quelques instants, les filles Leterrier décident de s'abriter dans un hangar agricole. Mais des bombes éclatent à quelques mètres. Il ne faut pas rester là. Leur folle échappée se poursuit. Elles continuent de s'éloigner au maximum de la ville et se couchent dans un ravin. Elles passeront les dernières heures de la nuit, là, dans ce fossé. Le lendemain matin, elles rejoignent la ferme de monsieur et madame Dufay. Tous les deux résistants, ils cachent des armes ou des personnes qui n'ont certainement pas intérêt à être trouvées par les Allemands. Parmi ces individus : Robert Leterrier, le seul fils de Madeleine. Denise, Jeannine et Simone serrent bien fort leur frère. Elles ne l'avaient pas revu depuis son refus d'être envoyé en Allemagne. Il s'était réfugié chez ces résistants pour éviter le STO, le service du travail obligatoire. C'est aussi dans cette ferme qu'elles apprennent qu'elles ont tout perdu. Leur maison et tous leurs souvenirs ne sont plus qu'un amas de cendres et de ruines. Elles ont tout perdu sauf la vie. Et c'est bien là l'essentiel. La maman Leterrier aime répéter à ses enfants : « On a plus rien, mais vous êtes tous là. » Après quelques jours passés chez les Dufay, il est impossible de rester plus longtemps. Grâce à des connaissances, les filles Leterrier reprennent la route pour s'installer dans une maison inhabitée de Tordouay, à 15 kilomètres au sud-est de Lisieux. Robert, qui s'est amouraché de l'une des filles des résistants, reste sur place. Une fois arrivées là-bas, pour meubler la demeure, les filles Leterrier font un aller-retour à Lisieux toujours à pied et avec une voiture à bras. Elles sont parties, aidées par André, l'amoureux de Denise, récupérer les meubles de leur sœur aînée Lucienne, rescapée elle aussi et dont la maison, par chance, n'a pas été endommagée. Madeleine Leterrier et ses filles ne rentreront à Lisieux qu'après la libération de la ville le 23 août 1944. Dans certains secteurs de Normandie, le déplacement des populations peut être contraint. Les civils représentent une gêne pour les armées. À partir du 11 juin, les Allemands organisent les premières évacuations forcées.

Trouver un abri

Pour éviter les bombes et les combats, l'autre solution pour beaucoup de Normands est de se cacher dans des caves ou des abris souterrains. À Caen par exemple, le sous-sol du Palais de justice sera un des lieux privilégiés. Certains habitants y resteront terrés plusieurs jours durant. À l'intérieur, alors que les bombes éclatent tout autour, des familles s'entassent et récitent des «Notre Père» et des «Je vous salue Marie» en sortant leur chapelet. Et même ceux qui ne sont pas croyants selon plusieurs témoignages. Quand plusieurs d'entre eux décident de sortir de ce refuge précaire, c'est l'épouvante. Les maisons brûlent et s'effondrent, des charrettes tirées par des chevaux transportent les corps des morts. Toujours à Caen, des milliers de civils se sont aussi réfugiés dans l'église abbatiale Sainte-Étienne de l'Abbaye aux Hommes fondée par Guillaume le Conquérant, duc de Normandie et roi d'Angleterre au XIe siècle. Une superstition est ancrée depuis le Moyen-Âge : si les tours de Saint-Étienne tombent, la couronne d'Angleterre tombe. Les pilotes de la RAF, Royal Air Force avaient-ils conscience de cet adage comme beaucoup aiment à le penser et à le raconter ? Toujours est-il que l'église Saint-Étienne est épargnée. Pendant le siège de Caen et la bataille pour la libération de la ville, une vie troglodyte s'organise dans les carrières de pierre de Caen et dans les communes environnantes. Certaines familles passent six semaines dans les carrières de Fleury-sur-Orne, commune voisine située au sud de Caen. Dans ce contexte pour le moins délicat et compliqué, la Croix-Rouge française et la DP, défense passive, viennent en aide aux populations, s'occupent des blessés, des réfugiés ou gèrent les dépouilles des habitants. Le Secours national, organisme créé durant la Première Guerre mondiale pour aider les victimes civiles de la guerre et réactivé depuis 1939 est aussi en action. Leurs membres apportent des vêtements, des médicaments ou des pansements et des vivres aux habitants. La question de l'alimentation et du ravitaillement est aussi un réel enjeu. À Caen, la Défense passive organise souvent l'approvisionnement, des nouilles, des soupes ou des légumes sont apportés dans des lessiveuses. Des civils se rendent aussi dans les fermes environnantes. Heureusement, les vaches sont toujours debout et permettent l'élaboration de produits laitiers et de beurre en quantité suffisante. Le « sandwich normand » remporte un certain succès : un camembert coupé en deux et rempli de beurre à l'intérieur. Ça cale. Le pain est rationné et il faut vite fabriquer des produits de substitution. Du son, de l'orge et des pépins peuvent être mélangés au blé. Dans certains endroits, les agriculteurs sont amenés à apporter leur contribution. Dans cette atmosphère tendue, sombre et sinistre, la solidarité s'organise. Cette libération s'accompagne tout de même d'épisodes bienheureux comme l'incroyable sauvetage de la basilique Sainte-Thérèse de Lisieux.

D-Day

Le miracle du sauvetage de la basilique Sainte-Thérèse de Lisieux

La ville de Lisieux est l'une des villes martyres de Normandie. Elle est détruite à 75 % par les bombardements alliés des 6 et 7 juin 1944 et entre 700 et 800 habitants ont perdu la vie. En revanche, dans la capitale du Pays d'Auge, aucun des lieux emblématiques liés à l'histoire de Sainte-Thérèse de Lisieux n'est touché. La maison des Buissonnets, là où elle a grandi, le Carmel, là où elle vécut sa vie de religieuse, la cathédrale Saint Pierre où elle allait à la messe en famille et où elle fit sa communion. Enfin, et c'est certainement le monument le plus impressionnant par sa dimension : la basilique Sainte-Thérèse.

La première pierre de cet édifice a été posée le 30 septembre 1929, soit 4 ans après la canonisation de Thérèse grâce à une souscription importante et des dons en provenance du monde entier. Le 11 juillet 1937, la bénédiction solennelle est prononcée. L'imposante ossature en béton armé, composée aussi de granit de Vire et de marbre a permis à la structure de résister aux secousses des bombardements alliés malgré 120 impacts de bombes recensés autour. La crypte de la basilique devient dès les premiers jours de l'offensive alliée un lieu de refuge pour les populations civiles. Plusieurs sœurs du Carmel s'y rendent avec des habitants pour se mettre à l'abri. Les reliques de Sainte-Thérèse et les archives les plus importantes y sont mises en sécurité.

Mais plus de deux mois plus tard, en pleine bataille pour la libération de Lisieux, la basilique a failli être intégralement détruite volontairement par les Britanniques. Il suffira d'un homme pour éviter cette catastrophe. Le major anglais Georges Warren, membre du premier bataillon du Queens Royal Regiment. L'affrontement pour la libération de la ville débute le 19 août 1944. Dans la nuit du 21 au 22 août 1944, 200 soldats allemands se rendent à la basilique et demandent asile aux carmélites retranchées dans la crypte avec de nombreux civils. Les soldats allemands cherchent un endroit pour se reposer mais la crypte est remplie de monde. Ils décident alors de s'établir au niveau supérieur de la basilique. Le lendemain matin, les combats s'intensifient autour du monument. Les premiers tanks alliés arrivent. Les religieuses et les réfugiés craignent pour leur vie et s'inquiètent de voir l'édifice réduit en cendres. Les Sœurs et les habitants ne cessent de prier et de demander l'intercession de Sainte-Thérèse. Une des rescapés, Sœur Anne, écrit le 8 septembre 1944 : « Nous étions pris entre deux feux. » Les heures passent et les Allemands commencent à quitter la basilique. Côté commandement britannique, l'ordre est donné de démolir l'édifice, les Anglais étant persuadés que les Allemands sont toujours présents à l'intérieur. Mais le major Warren et plusieurs de ses hommes préfèrent vérifier. Finalement, stupeur, à l'intérieur de l'édifice, aucune présence allemande n'est constatée. Alors que le tir pour faire voler en éclat le monument est déjà pointé, un contrordre est immédiatement envoyé. Les Carmélites et les civils sont sauvés, la basilique Sainte-Thérèse de Lisieux n'est pas détruite. L'un des plus grands lieux de culte chrétien érigé au XXe siècle demeure debout et son dôme pointé vers le ciel. De nombreux Lexoviens et Lexoviennes y voient là un miracle de plus attribué à Sainte-Thérèse.

Le courage des Résistants

Au cours de l'été 44, la population normande sera aussi victime d'exactions. Des civils comme des résistants. Le 6 juin 1944, des résistants emprisonnés à la maison d'arrêt de Caen par l'occupant sont exécutés par les Allemands. En cas de débarquement, ils avaient reçu l'ordre de transférer les résistants en Allemagne via Belfort. Mais le réseau ferré saboté ou bombardé ne peut plus être utilisé. Les résistants considérés comme les plus dangereux sont donc fusillés. Une vingtaine de résistants survivants sont envoyés à Fresnes. Le nombre exact de résistants tués demeure inconnu, les Allemands ont tenté de faire disparaître les preuves de leurs crimes. Cette tragédie ne doit pas occulter l'action des Normands engagés dans la Résistance en ces jours décisifs. Ils sont entrés en action dès le début du mois de juin 1944. Dans un premier temps, ils sont efficaces dans le sabotage des lignes de communication, des voies ferrées ou des ponts.

Un couple de résistants caennais est devenu célèbre. Léonard Gille, avocat et membre du Parti Radical dit

« Marie » et sa future épouse Louise Batard, connue sous le pseudonyme de « Janine ». Ils ont appartenu au réseau Marie-Odile en charge d'apporter un soutien aux aviateurs alliés. Léonard Gille entre dans la clandestinité à Paris à partir de l'automne 43 après être devenu président du Comité départemental de libération du Calvados. Lors du Débarquement, il devient commandant des Forces Françaises de l'Intérieur (FFI) pour les départements du Calvados, de la Manche et de l'Eure. Il rejoint donc la Normandie pour coordonner les opérations.

Durant la bataille de Normandie des membres des FFI, Forces Françaises de l'Intérieur, participent à la libération de certaines communes comme Mortagne dans l'Orne et quelques villages dans le secteur du Perche. Plusieurs hommes des FFI accompagnent la 2e Division Blindée du général Leclerc lors de son entrée dans Écouché. Les Résistants participent à la joie de la liberté retrouvée.

Aux antipodes de la Libération Les îles Saint-Marcouf en Normandie et les îles anglo-normandes

Deux heures avant le débarquement sur les plages du littoral du Calvados et de la Manche, un premier débarquement allié a lieu sur les îles Saint-Marcouf. L'île de Terre et l'île du Large sont situées à 8 kilomètres des côtes d'Utah Beach où le grand assaut est prévu pour 6 h 30 du matin.

Les Américains, informés que les Allemands se sont déjà rendus sur ces îles, craignent la présence de canons ou même d'un simple poste d'observation compromettant l'effet de surprise et les opérations sur Utah. Le 6 juin 1944, à 4 h 30, quatre éclaireurs s'approchent silencieusement des îles en canots pneumatiques. Très vite, ils constatent l'absence d'Allemands sur les îles Saint Marcouf et surtout celle de pièces d'artillerie. Une fois l'information transmise à leurs supérieurs, à 5 h 30 du matin, 130 soldats des 4e et 24e Cavalry Groups débarquent sur les îles et occupent ces territoires normands. Aucun affrontement n'a eu lieu, mais à cause de mines placées auparavant par les Allemands, le bilan n'est pas nul. Deux Américains sont tués et dix-sept sont blessés. Les îles Saint-Marcouf sont donc les premières terres de Normandie libérées par les Alliés aux premières heures du Jour J. À l'inverse, il faudra attendre le 8 mai 1945 pour que les îles anglo-normandes ne soient plus occupées par les Allemands.

Le 6 juin 1944, les habitants des îles anglo-normandes sont pleins d'espoir après cinq années d'occupation. Mais en vain, et ils le comprennent rapidement, ils doivent se résigner à attendre. Pire encore, au fil des jours et des mois de la libération de la Normandie et de l'Europe, leurs conditions de vie ne feront qu'empirer. Les habitants comme l'occupant sont de plus en plus isolés. Pour se nourrir, la population et les Allemands sont obligés de manger les chiens et les chats. Le thé, boisson si prisée, est élaboré à base de carottes et le café avec des glands. Certains soldats de la Wehrmacht sont aperçus en train de faire les poubelles pour trouver de quoi manger. Les baillis de Jersey et de Guernesey demandent de l'aide auprès de Londres et de la Croix-Rouge internationale. Les 27 et 28 décembre 1944, 100 000 colis sont finalement apportés par l'USS Vega pour être distribués aux civils et pour le plus grand soulagement des Allemands. Mais quelques mois plus tard, les habitants et l'occupant manquent toujours de vivres sur les îles anglo-normandes. Alors, dans la nuit du 8 au 9 mars 1945, vers 1 heure du matin, les Allemands de la 319e division d'infanterie opèrent un raid sur Granville et son port pour se ravitailler en vivres et en charbon. 250 soldats allemands participent à ce raid. Une partie du commando s'attaque aux installations portuaires et coulent plusieurs cargos britanniques. Une équipe formée de 40 Allemands s'attaque au Normandie Hôtel et à l'Hôtel des Bains où ils tuent et font prisonniers des officiers alliés. Les Granvillais, libérés depuis bientôt huit mois, sont surpris, choqués, traumatisés et très en colère. Selon les rapports, entre deux et six habitants de Granville sont tués au cours de ce raid. Ils reprochent aux Américains et aux Anglais de ne pas les avoir assez protégés. Les Allemands rapporteront de cette expédition un navire contenant plusieurs tonnes de charbon, quelques denrées et une dizaine de prisonniers. Un autre raid est mené par les Allemands le 5 avril 1945, un commando en provenance de Jersey débarque au cap de la Hague. Les 18 Allemands qui le composent sont immédiatement faits prisonniers. Soucieux de se battre jusqu'au bout pour l'honneur du Reich et de ses armées, le vice-amiral Hüffmeier, commandant de la garnison des îles anglo-normandes et fervent nazi, envisage de mener une nouvelle attaque le 7 mai 1945, mais la guerre est finie. Le 8 mai 1945, les Allemands encore présents sur les îles anglo-normandes se rendent aux Alliés. Le matin du 9 mai 1945, la reddition est signée à bord du destroyer de la Royal Navy, le *HMS Bulldog*.

TIENS ! V'LÀ NOS LIBÉRATEURS !
SAINT MARCOUF
CHAUNU

Les principaux protagonistes du Débarquement et de la bataille de Normandie

Dwight Eisenhower
Le commandant suprême des forces alliées

Dwight David Eisenhower, surnommé Ike depuis sa tendre enfance, a 54 ans lorsqu'il est le commandant du SHAEF, *Supreme Headquarter Allied Expeditionary Force,* le grand quartier général du corps expéditionnaire allié en charge de diriger l'intégralité des opérations d'Overlord. Cet organe est créé sous son impulsion, Eisenhower voulant donner une ampleur maximale à l'assaut. L'objectif est bien de débarquer sur les côtes normandes pour ensuite atteindre l'Allemagne. Au printemps 44, le général américain a déjà une belle carrière derrière lui. Diplômé de la prestigieuse académie militaire de West Point située à 80 kilomètres au nord de New York, il n'oubliera jamais la devise de cette vénérable institution : «*Duty, Honor, Country*», «Devoir, Honneur, Patrie». Il est dans un premier temps instructeur de char. Il comprend très vite les enjeux et les intérêts de cette nouvelle arme terrestre redoutable. Dans les années 1930, il accompagne le général MacArthur dans sa mission de conseiller militaire auprès du gouvernement philippin. L'entrée en guerre des États-Unis en décembre 1941 à la suite de Pearl Harbor va changer sa vie. Il devient le bras droit du général Marshall et travaille sur la stratégie des premiers mois de la guerre du Pacifique. Pour cette mission, il obtient sa deuxième étoile. Il montre très vite des aptitudes diplomatiques. En 1942, il gagne Londres pour réfléchir à un débarquement sur le continent européen. Mais Churchill est obsédé par la mise en œuvre d'une stratégie périphérique, c'est-à-dire combattre l'ennemi dans d'autres zones que l'Europe de l'Ouest. Sur proposition du général Marshall, Eisenhower doit alors organiser en trois mois l'opération Torch, le débarquement en Afrique du Nord. Puis, il met au point l'opération Husky, le débarquement en Sicile. Il tire de nombreux enseignements de ces deux offensives pour préparer le débarquement en Normandie. La décision d'un assaut sur le littoral normand est entérinée à l'issue de la conférence de Téhéran à l'automne 1943. Roosevelt, le président des États-Unis, ne veut pas se séparer de son précieux conseiller militaire, le général Marshall. Eisenhower est alors désigné en décembre 1943 pour prendre la tête des opérations.

Le quartier général du général Eisenhower s'établit à Southwick House, une splendide demeure digne des décors des romans d'Agatha Christie, située à 8 kilomètres au nord de Portsmouth, célèbre port anglais. Le QG de Ramsay, amiral et commandant en chef des opérations navales alliées, est aussi implanté à Southwick. Plus l'échéance du Débarquement approche, plus la pression monte pour Eisenhower. Il fume jusqu'à quatre paquets de Camel par jour. Et les multiples rebondissements météorologiques des premiers jours de juin n'arrangent rien. À la surprise générale, Eisenhower installe une caravane recouverte de filets de camouflage dans le jardin de Southwick à partir du 2 juin 1944. Il la surnomme sa « roulotte de cirque ». Il aime s'y détendre entre deux réunions, conférences, entrevues ou visites de troupes. Allongé sur une couchette, il lit des histoires de cow-boys tout en fumant. Malgré les enjeux de cette vaste opération, Eisenhower garde toujours son calme. À la suite du report du débarquement, un capitaine de frégate lui apprend la diffusion sur les ondes d'une dépêche de l'*Associated Press* : « Les forces d'Eisenhower débarquent en France. » Moins de trente minutes plus tard, un démenti est édité mais la CBS et Radio Moscou ont déjà capté ce message. L'effet de surprise risque d'être compromis. Loin de piquer une colère, Eisenhower ne marmonne que quelques mots entre ses dents. En revanche, sa voix est forte et claire lorsque résonne dans les haut-parleurs des navires alliés en route pour la Normandie son discours devenu célèbre :

> *« Soldats, Marins et Aviateurs des Forces Expéditionnaires Alliées ! Vous êtes sur le point de vous embarquer pour la grande croisade vers laquelle ont tendu tous nos efforts pendant de longs mois. Les yeux du monde sont fixés sur vous. Les espoirs, les prières de tous les peuples épris de liberté vous accompagnent. Avec nos valeureux alliés*

et nos frères d'armes des autres fronts, vous détruirez la machine de guerre allemande, vous anéantirez le joug de la tyrannie que les nazis exercent sur les peuples d'Europe et vous apporterez la sécurité dans un monde libre. Votre tâche ne sera pas facile. Votre ennemi est bien entraîné, bien équipé et dur au combat. Il luttera sauvagement. Mais nous sommes en 1944 ! Beaucoup de choses ont changé depuis le triomphe nazi des années 1940-1941. Les Nations unies ont infligé de grandes défaites aux Allemands, dans des combats d'homme à homme. Notre offensive aérienne a sérieusement diminué leur capacité à faire la guerre sur terre et dans les airs. Notre effort de guerre nous a donné une supériorité écrasante en armes et munitions, et a mis à notre disposition d'importantes réserves d'hommes bien entraînés. La fortune de la bataille a tourné ! Les hommes libres du monde marchent ensemble vers la Victoire ! J'ai totalement confiance en votre courage, votre dévouement et votre compétence dans la bataille. Nous n'accepterons que la Victoire totale ! Bonne chance ! Implorons la bénédiction du Tout-Puissant sur cette grande et noble entreprise. »

Ce texte est aussi imprimé et donné aux parachutistes des divisions aéroportées. Si ce message d'Eisenhower est entré dans l'histoire, un autre est resté dans les oubliettes. Il s'agit du mot rédigé en cas d'échec par le commandant suprême des forces alliées.

« *Nos débarquements dans la région de Cherbourg-Le Havre n'ont pas réussi à conquérir une tête de pont suffisante et j'ai dû replier nos troupes. Ma décision d'attaquer en ce point et à ce moment se basait sur les renseignements les plus sûrs dont je disposais. L'Armée, l'Aviation, la Marine ont fait tout ce que leur bravoure et leur dévouement au devoir pouvaient accomplir. Si quelque faute a été commise, j'en porte seul la responsabilité.* »

Il retrouva ce message dans l'une de ses poches quelque temps après le Débarquement. Heureusement, il n'eut jamais à lire ces sinistres mots.

Franklin D. Roosevelt

Franklin Delano Roosevelt en est déjà à son troisième mandat de président des États-Unis quand il s'agit de préparer l'opération Overlord et le Débarquement. Il est même réélu une quatrième fois quelques mois après le Jour J et la bataille de Normandie en novembre 1944. Il est un personnage clé de la Seconde Guerre mondiale et de la libération de l'Europe. Il est donc à la tête du pays quand les Japonais attaquent la base américaine de Pearl Harbour le 7 décembre 1941 et déclare la guerre au Japon le lendemain. Le 11 décembre 1941, l'Allemagne nazie et l'Italie fasciste déclarent la guerre aux États-Unis en vertu du pacte tripartite signé en 1940 entre Berlin, Rome et Tokyo.

Dans les années 1930, il est surnommé le « *Doctor New Deal* », « Docteur Nouvelle Donne » pour sa politique de lutte contre les conséquences négatives de la crise économique de 1929. Durant le second conflit mondial, il devient le « *Doctor Win-the-War* », le « Docteur Gagne-la-Guerre ». Selon la constitution américaine, il est le chef des armées mais il n'est pas un grand spécialiste des dossiers militaires alors il se fait conseiller par de nombreux hauts gradés tels que le général George Marshall. Dans un premier temps, il ne semble pas être contre l'idée des Britanniques de favoriser plusieurs attaques dispersées pour affaiblir l'ennemi plutôt que de mener un assaut frontal face à l'Allemagne d'Hitler. Des membres de son entourage politique et certains généraux américains s'inquiètent de cette position. Ils craignent que Roosevelt se soit fait manipuler par les Britanniques et pire encore que les marottes de Churchill aient gagné son esprit. Mais finalement, il rejoint les positions des généraux américains et soutient officiellement le plan d'un débarquement en Europe de l'Ouest.

La question de l'avenir politique et de l'administration de la France est au cœur de tractations en vue du débarquement. Roosevelt se méfie du général de Gaulle en qui il voit un futur dictateur. Une fois le débarquement réalisé et la France libérée en partie par les troupes américaines, il redoute une accession au pouvoir du Général. Le président américain ne veut pas engager son pays sur le front de l'Europe occidentale pour mettre en place un militaire autoritaire. Il ne souhaite surtout pas que les États-Unis soient complices de l'installation d'un dictateur à la tête de la France. Pour Roosevelt, la France est un pays vaincu, occupé et collaborationniste. Ainsi Roosevelt prépare l'AMGOT, *Allied Military Government of Occupied Territories*, un programme d'administration de la France libérée qui serait mise sous tutelle. Mais le 3 juin 1944, le général de Gaulle annonce la création du Gouvernement provisoire de la République française (GPRF). L'AMGOT ne sera jamais mis en place sur le sol français.

Le soir du 6 juin 1944, il prononce à la radio une prière qu'il a lui-même écrite dont voici un extrait :

« Dieu Tout-Puissant : en ce jour, Nos fils, fierté de notre Nation, entament un effort considérable, un combat pour préserver notre République, notre religion, et notre civilisation, et pour libérer une humanité souffrante.

Mène-les dans le droit chemin, donne force à leurs bras, vigueur à leur cœur, ténacité à leur foi. Ils auront besoin de Ta bénédiction. Leur route sera longue et difficile. Car l'ennemi est fort. Il se peut qu'il repousse nos forces. Il se peut que la réussite se fasse attendre, mais nous reviendrons encore et encore ; et nous savons que par ta grâce et par la justesse de notre cause, nos fils triompheront.

Ils seront cruellement mis à l'épreuve de jour comme de nuit, sans repos jusqu'à remporter la victoire. Les ténèbres seront remplies de bruits et de flammes. L'âme des hommes sera secouée par la violence de la guerre. Car ces hommes n'ont que récemment quitté le chemin de la paix. Ils ne se battent pas par désir de conquête. Ils se battent pour mettre un terme aux conquêtes. Ils se battent pour libérer.

Ils se battent pour que justice se fasse, et pour laisser place à la tolérance et à la bonne volonté parmi toutes tes brebis. Ils se languissent de mettre un terme aux hostilités et de retourner à l'abri dans leur foyer.

Certains ne rentreront jamais. Adopte ceux-là, Père, et reçois-les, Tes serviteurs héroïques, dans Ton royaume. Et pour nous dans nos foyers – pères, mères, enfants, femmes, sœurs et frères de ces hommes braves partis à l'étranger – dont les pensées et prières sont toujours avec eux – aide-nous, Dieu tout puissant, en cette heure de grand sacrifice, à trouver en nous une foi renouvelée en toi. »

Roosevelt est aussi l'artisan de l'Organisation des Nations unies (ONU) mais n'assistera pas à l'élaboration de la charte fondatrice le 26 juin 1945 car il s'éteint le 12 avril 1945 d'une hémorragie cérébrale.

Winston Churchill

Après la défaite de mai 1940 et l'évacuation de 200 000 soldats britanniques depuis le port Dunkerque vers la Grande-Bretagne, le Premier ministre conservateur du Royaume-Uni Winston Churchill a toujours ardemment souhaité un retour des troupes de son pays sur le continent européen. Son ambition est de vaincre l'Allemagne nazie.

Avant la Seconde Guerre mondiale, il n'est pas encore Premier ministre mais il est l'un des seuls députés de la Chambre des communes à dénoncer la menace que représentent Hitler et le nazisme. Cet engagement isolé permet à Churchill de réapparaître sur le devant de la scène après plusieurs années en retrait. La politique menée par le Premier ministre Chamberlain est celle de l'apaisement pour éviter tout conflit armé avec l'Allemagne. En 1938, lorsque Chamberlain signe les accords de Munich, Churchill déclare : « Vous aviez à choisir entre la guerre et le déshonneur ; vous avez choisi le déshonneur et vous aurez la guerre. »

En septembre 1939, après l'invasion de la Pologne par les armées d'Hitler, la France et la Grande-Bretagne déclarent la guerre à l'Allemagne nazie. Churchill est alors nommé Premier Lord de l'Amirauté, c'est-à-dire ministre de la Marine. Dès les premières semaines de 1940, il est question pour les Britanniques de s'emparer du nord de la Norvège et de Narvik, un des ports d'approvisionnement du Reich mais le 9 avril l'armée allemande envahit le Danemark puis la Norvège. Malgré quelques troupes envoyées, leur retrait est très vite décidé. Chamberlain est tenu responsable de cet échec par l'opposition travailliste mais aussi dans son propre camp. Les conservateurs sont divisés. Après d'âpres échanges et discussions, le 10 mai 1940, Chamberlain démissionne et Churchill devient Premier ministre. Trois jours plus tard et en pleine *Blitzkrieg*, guerre éclair menée par les armées d'Hitler, il proclame ce discours devant la Chambre des communes :

> *« Je n'ai rien d'autre à offrir que du sang, de la peine, de la sueur et des larmes (…) Vous demandez quelle est notre politique. Je réponds à cela : faire la guerre sur terre, sur mer et dans les airs. »*

Il assoit sa légitimité pendant le *Blitz*, quand des bombardements allemands massifs et meurtriers frappent le pays. Sa résistance et sa force de caractère impressionnent même ses détracteurs. Churchill prend alors sa revanche sur l'histoire, lui qui a toujours souhaité accéder au sommet du pouvoir.

Après un début de carrière militaire à Cuba, en Inde, au Soudan et en Afrique du Sud à la fin du XIXe siècle, il est incorporé dans l'armée britannique en tant que correspondant de guerre. Il devient célèbre pour ses récits des batailles et les livres qu'il publie. D'abord élu pour la première fois député conservateur en 1900, il rejoint le parti libéral avant d'occuper le poste de sous-secrétaire d'État aux Colonies, ministre du Commerce et ministre de l'Intérieur. En 1911, il est nommé Premier Lord de l'Amirauté, ministre de la Marine. Durant la Première Guerre mondiale, il prépare l'expédition navale franco-britannique pour occuper le détroit des Dardanelles en Turquie, pays allié de l'Allemagne. Mais le débarquement à Gallipoli tourne à la catastrophe. Vilipendé par une partie de la classe politique et militaire, il est jugé responsable de ce cuisant échec et quitte le gouvernement avant de rejoindre quelque temps le 6e Bataillon du Royal Scots Fusiliers. Il est finalement rappelé en 1917 et prend le portefeuille de l'Armement puis ceux de la Guerre et de l'Air de 1918 à 1921. Un an plus tard, après la défaite du parti libéral aux législatives, il n'est plus député et retrouve les rangs du parti conservateur.

Le désastre des Dardanelles reste ancré dans la mémoire de Churchill. Durant la Seconde Guerre mondiale, ce fiasco a certainement joué dans la volonté du Premier ministre britannique de ne pas attaquer frontalement l'Allemagne nazie mais de privilégier la stratégie dite périphérique pour user et affaiblir l'ennemi à différents endroits. Après la décision d'un débarquement sur les côtes de France approuvée à la conférence de Téhéran à l'automne 1943, Churchill ne manquera pas d'imagination pour assurer la réussite d'une telle mission. Il est passionné par les opérations militaires au grand dam de nombreux hauts gradés. En buvant quelques verres de brandy et en tirant sur ses cigares, le Premier ministre charismatique fourmille d'idées autant farfelues qu'étonnantes et parfois même lumineuses. C'est lui qui rappelle Percy Hobart pour l'élaboration des chars spéciaux, les fameux *Funnies*. Il est aussi un fervent défenseur des ports artificiels et un des cerveaux de l'opération d'intoxication Fortitude destinée à duper l'ennemi allemand sur le lieu, la date et l'heure du débarquement allié. Juste avant le D-Day, il veut embarquer à bord d'un des navires de l'armada alliée. Il souhaite être aux côtés des troupes le jour de l'assaut et assister depuis le pont du croiseur HMS Belfast au bombardement des défenses allemandes situées sur les côtes françaises. Seul le roi en personne parvient à l'en dissuader en lui écrivant une lettre.

> *« Mon cher Winston, je veux une fois encore en appeler à vous afin que vous ne preniez pas la mer le Jour J. Je vous prie de considérer ma propre situation : je suis plus jeune que vous, je suis marin, et en tant que roi, je suis à la tête de tous les services. Je n'aimerais rien tant que de m'embarquer, mais je suis résigné à rester ici ; est-il juste que vous fassiez précisément ce que moi-même, j'aurais aimé faire ? »*

Il respecte sa Majesté et reste à terre. Mais Churchill est très contrarié et son humeur est exécrable. Il fait alors métamorphoser son train particulier en quartier général et circule autour du port de Portsmouth. Plus les heures passent, plus il est soucieux et s'inquiète du sort des soldats. Finalement, le débarquement est un succès et il ne tarde pas à traverser la Manche. Il débarque en Normandie à Courseulles le 12 juin 1944, deux jours avant le général de Gaulle. Il rend visite au général britannique Montgomery et tient à observer les plages du Débarquement et le littoral normand depuis une barge. Winston Churchill, surnommé le « vieux Lion », aura toujours en lui cette envie d'être au plus près des opérations. Quand le général de Gaulle évoque Winston Churchill, il le définit comme « le grand artiste d'une grande histoire ».

Bernard Law Montgomery

Avant le Débarquement, le général britannique Montgomery est auréolé de la victoire d'El-Alamein en Afrique du Nord. Cette bataille qui se déroule du 23 octobre au 4 novembre 1942 est l'une des plus emblématiques de la Seconde Guerre mondiale. Il est parvenu à défaire l'Afrikakorps du redouté général allemand Rommel, surnommé le « Renard du désert ». Par la suite, Montgomery participe aux opérations en Sicile et à la campagne d'Italie en 1943. Puis il gagne Londres pour préparer Overlord et le débarquement aux côtés du général américain Eisenhower. Il est désigné comme le commandant des forces terrestres alliées.

Le général britannique surnommé « Monty » est à la fois admiré, craint et respecté. Sa silhouette est devenue légendaire. Petit et fin, il est toujours vêtu d'un chandail, sorte de pull-over, et coiffé d'un béret noir. Réputé hautain et suffisant, il ne laisse personne indifférent, beaucoup le considèrent même insupportable. Très sûr de lui, il est un grand leader et ses troupes placent en lui toute leur confiance. Il est aussi célèbre pour sa vie d'une grande austérité. Il ne fume pas, ne boit pas une goutte d'alcool et préfère se délecter d'un bon verre d'eau ou d'une tasse de thé.

Mais durant la bataille de Normandie, sa légitimité sera contestée à plusieurs reprises au sein de l'état-major allié. Montgomery a la plus grande difficulté à libérer Caen et sa lenteur agace. La ville devait être prise au soir du Jour J mais il faut attendre le 9 juillet pour atteindre la rive gauche et le 19 juillet pour la rive droite. Ses choix stratégiques sont contestés. Eisenhower le maintien tout de même à la tête des forces terrestres mais à partir du 1er août, un nouveau groupe d'armées américaines est constitué sous l'autorité du général Bradley. Montgomery ne cache pas sa déception de voir une partie du commandement lui échapper mais il reste le chef de groupe d'armée britannique et canadien. Son action est de nouveau vivement critiquée lors de la fermeture de la poche de Falaise au mois d'août 1944. Les mouvements des troupes britanniques et canadiennes sont jugés trop lents par certains hauts gradés américains. Montgomery est jugé responsable d'avoir laissé s'échapper de nombreuses unités allemandes vers la Seine. Plusieurs officiers américains demandent l'éviction de Montgomery et vont même jusqu'à déclarer vouloir «rejeter les Anglais à la mer». Mais Eisenhower ne cède pas et souhaite maintenir de bonnes relations avec les autorités britanniques, il conserve Montgomery qui sera promu maréchal le 1er septembre 1944 et participera à toute la libération de l'Europe de l'Ouest.

George Smith Patton
La star des blindés alliés

Le général américain George Smith Patton est un personnage haut en couleur qualifié par certains d'impitoyable. Le Californien est une figure incontournable de la Seconde Guerre mondiale célèbre pour son franc-parler mais aussi très controversé. Il entre en action durant la bataille de Normandie le 1er août 1944 pour mener à bien l'opération Cobra destinée à percer le front dans le Cotentin pour ouvrir la voie vers la Bretagne. Il n'est pas présent le Jour J et durant les premières semaines de l'été 44.

Il s'est illustré en Afrique du Nord où il prend la tête du débarquement allié sur le littoral marocain le 8 novembre 1942 avant de prendre part aux opérations en Tunisie. Il devient le commandant de la 2nd US Corps et participe aussi au débarquement en Sicile. Mais son caractère tempétueux et imprévisible lui joue des tours. Les soldats le surnomment « blood and guts », « sang et tripes ». Il est écarté du champ de bataille après avoir giflé et qualifié deux soldats de lâches. Mais sa disgrâce ne dure guère longtemps. Ses qualités et son talent sont indéniables. Même s'il ne supporte pas la lenteur et la médiocrité, il peut parfois avoir quelques élans d'humanité et se laisser aller à embrasser des combattants blessés sur le front. Il est rappelé à Londres et désigné commandant de la 3e armée américaine. Lui et ses hommes interviendront dans la deuxième phase des opérations en Normandie après le Débarquement. En attendant, Patton, le fonceur et toujours en quête d'action, est nommé à la tête de l'armée fantoche du plan Fortitude qui a pour objectif de persuader les Allemands que le débarquement n'aura pas lieu en Normandie.

Avant de prendre part aux combats et à la grande histoire de la libération de l'Europe, Patton est spectateur, rôle insupportable pour lui, des premières semaines de l'attaque alliée. Alors qu'il trépigne d'impatience, il n'est pas tendre avec ses homologues et ses camarades. « Bradley et Hodges sont des moins que rien », écrit-il dans son journal. Après avoir été sous les ordres de Patton en Sicile, Bradley, six ans de moins, devient son supérieur en Normandie et commande le 12e groupe d'armées américaines. Hodges est à la tête de la 1re armée américaine.

Patton est à la fois photogénique et ne tarde pas à devenir une icône militaire et médiatique. Il n'hésite pas à poser devant les objectifs avec un revolver doté d'une crosse de nacre ou avec son chien, le célèbre Bull Terrier répondant au doux nom de Willy. La vedette des divisions blindées alliées rejoint le théâtre des affrontements dans le plus grand secret. Il atterrit en Normandie près d'Omaha Beach le 6 juillet 1944. Il installe son quartier général dans un village du Cotentin à Néhou, des tentes et des caravanes sont implantées dans un verger. Patton attend les instructions et n'a qu'une hâte : repousser les Allemands à la tête de ses blindés. Le 28 juillet 1944, avant de commander comme convenu la 3e armée américaine, Eisenhower lui demande de diriger le VIIIe corps. Patton est ravi, les choses sérieuses peuvent commencer et place à la grande chevauchée des chars blindés du général américain. Avranches, la capitale du Sud Manche située à une petite vingtaine de kilomètres de la Bretagne est libérée le 31 juillet 1944. La porte vers la Bretagne est grande ouverte. Rennes est libérée le 4 août. Depuis, Patton est présenté comme l'homme de la « percée d'Avranches » même si en réalité le front a été enfoncé quelques jours plus tôt, à 60 kilomètres plus au nord, entre la côte et Saint-Lô, la préfecture de la Manche. À Avranches, une place porte le nom du célèbre général américain et un char trône au beau milieu de cette place sur un rond-point.

Le général de Gaulle
Un débarquement politique

À quelques jours du D-Day, le général de Gaulle compte bien s'assurer que la souveraineté de la France et des Français sera rétablie et respectée une fois les territoires libérés. Il n'a pas le soutien du président américain Roosevelt, mais il a plutôt les faveurs du Premier ministre britannique Churchill, malgré leur relation tumultueuse. Le 3 juin 1944, le Comité Français de Libération Nationale (CFLN) établi à Alger devient le Gouvernement Provisoire de la République Française (GPRF). Avec le mot « gouvernement provisoire », de Gaulle espère bien légitimer le rétablissement d'une autorité française. Tenu à l'écart pendant les préparatifs du débarquement, de Gaulle, présent en Algérie, est convié par Churchill à se rendre en Angleterre. Après avoir hésité, il répond à l'invitation et embarque à bord d'un avion affrété par le gouvernement britannique. Il atterrit à une vingtaine de kilomètres de Londres le 4 juin 1944. La visite est censée être confidentielle mais à la descente de l'appareil, de Gaulle et sa délégation sont accueillis par *La Marseillaise* interprétée par un orchestre de la Royal Air Force. L'échange avec Churchill sera tendu. Le Premier ministre britannique ne tarde pas à informer le général de Gaulle que Roosevelt ne reconnaît pas le GPRF. De Gaulle est furieux, Churchill lui dit alors :

> *« Chaque fois qu'il faudra choisir entre l'Europe et le grand large, nous serons toujours pour le grand large. Chaque fois qu'il*

me faudra choisir entre vous et Roosevelt, je choisirai toujours Roosevelt. »

Le général de Gaulle ne participera pas au Débarquement mais il adresse un message aux Français le 6 juin 1944 sur les ondes de la BBC avec cette phrase devenue célèbre : « Bien entendu, c'est la bataille de France et c'est la bataille de la France ! » Il suit avec attention le Jour J et les premiers jours de la bataille de Normandie et espère se rendre au plus vite sur le sol français.

Le général de Gaulle quitte le port anglais de Portsmouth et traverse la Manche le 14 juin 1944 à bord du navire *La Combattante*. Certains membres de cette équipée française prennent des cachets pour éviter le mal de mer mais les effets secondaires sont méconnus et ils ont des vertus euphorisantes. À cela s'ajoutent quelques verres de vin pour certains et l'excitation est à son comble. Le général de Gaulle débarque entre Courseulles-sur-Mer et Graye-sur-Mer accompagné entre autres par le général Koenig, chef des FFI, Forces Françaises de l'Intérieur, le contre-amiral d'Argenlieu ou François Coulet, un diplomate nommé commissaire de la République pour les territoires libérés. L'idée est bien d'affirmer le pouvoir du GPRF en France face aux Alliés et d'éviter l'AMGOT souhaité par le président des États-Unis Roosevelt. Première déconvenue pour de Gaulle, un major écossais est là pour l'accueillir mais il n'y a pas de drapeau français sur la jeep. Finalement, le jeune soldat doit se débrouiller et fabrique en deux temps trois mouvements un petit drapeau tricolore et l'attache au pare-brise. De Gaulle va d'abord s'entretenir au quartier général du général britannique Montgomery situé à 9 kilomètres de Courseulles dans les terres. L'échange entre les deux hommes est froid. De Gaulle est en retard et ne daigne pas s'excuser ce qui a le don d'hérisser Monty. Puis le général prend la direction de Bayeux. Tout est bien organisé, un chef de la résistance informé de l'arrivée de De Gaulle prévient les habitants en circulant dans la ville avec une voiture dotée de haut-parleurs. Quand le général de Gaulle traverse Bayeux, la foule est en liesse, des cris et des hourras retentissent de toutes parts. La joie et la ferveur sont immenses. Il se rend à la préfecture où il est accueilli par Pierre Rochat, ancien sous-préfet de Vichy et qui collabore avec les Britanniques depuis le Débarquement. Le général de Gaulle refuse la coupe de champagne tendue par Rochat et préfère boire un rafraîchissement proposé par la concierge. La voix de Londres et de la France Libre prononce ensuite un discours sur la place du château.

> *« Je vous promets que nous continuerons la guerre jusqu'à ce que la souveraineté de chaque pouce de territoire français soit rétablie. Nous combattrons aux côtés des Alliés, avec les Alliés, comme un allié. Et la victoire que nous remporterons sera la victoire de la liberté et la victoire de la France. »*

Ensuite le général de Gaulle invite les Normands présents à chanter l'hymne national, *La Marseillaise*. L'accueil triomphal réservé à de Gaulle par le peuple de France

QUI DOIS-JE ANNONCER?
LA FRANCE!
CHAUNU

IL EXISTE VRAIMENT!
BAYEUX

présent à Bayeux ce 14 juin 1944 joue un rôle capital pour asseoir l'autorité du général et du GPRF. Après cette célébration, le général de Gaulle laisse derrière lui à Bayeux le commissaire de la République François Coulet et le délégué militaire Pierre de Chevigné. Ces deux hommes étaient à bord de *La Combattante*. Dès le lendemain, Pierre Rochat est remplacé par Raymond Triboulet qui devient le premier sous-préfet d'un territoire français libéré. De Gaulle a réalisé un coup de maître, huit jours après le Débarquement, il est acclamé par les premiers Français libérés et place les premiers représentants du Gouvernement Provisoire de la République Française.

Marcel Ouimet et Robert Capa
Deux correspondants de guerre du Jour J

Pour couvrir l'opération Overlord, 530 correspondants de guerre sont accrédités par le SHAEF, *Supreme Headquarters Allied Expeditionary Force*, le quartier général des forces expéditionnaires alliées. Mais tous ne sont pas autorisés à débarquer. Parmi les journalistes acceptés auprès des troupes d'assaut le D-Day : Marcel Ouimet, correspondant de guerre francophone de Radio-Canada et Robert Capa, photoreporter hongrois pour le prestigieux magazine *Life*.

Marcel Ouimet est âgé de 29 ans quand il foule le sol normand en secteur canadien à Juno Beach sur la plage de Bernières-sur-Mer. Il débarque après la première vague d'assaut entre 9 h 30 et 10 heures du matin. Marcel Ouimet est heureux et fier de revenir en France. « C'est le pays qui m'est le plus cher après le mien », écrit-il le 9 juin 1944 dans une lettre personnelle adressée à son épouse Jacqueline restée au Canada. Né à Montréal en 1915, Marcel Ouimet s'est toujours défini comme Canadien français et a étudié le journalisme à Paris à l'école des Hautes études sociales entre 1937 et 1938. De cette expérience, il garde en mémoire de nombreux souvenirs et le lien indéfectible avec la France s'est renforcé. De plus, passionné de politique et de relations internationales, Marcel Ouimet se rend en Allemagne durant son année universitaire en Europe. Il assiste à un rassemblement de la jeunesse hitlérienne et éprouve à partir de ce séjour une détestation d'Hitler et du nazisme. C'est pourquoi les sentiments de Marcel Ouimet sont si forts et si particuliers en ce Jour J. Avant d'atteindre le rivage, il descend d'une barge de débarquement et parcourt les vingt-cinq derniers mètres à moitié immergé avec de l'eau jusqu'à la ceinture. Tellement chargé, il est obligé de tenir sa machine à écrire à bout de bras pour qu'elle ne prenne pas l'eau. Marcel Ouimet débarque avec les soldats canadiens francophones du Régiment de la Chaudière. Les Normands de Bernières-sur-Mer sont ravis et surpris de rencontrer des libérateurs qui parlent le français. À peine arrivé, Marcel Ouimet va écrire son premier récit du D-Day à l'hôtel Belle Plage, situé à quelques mètres de la plage, dans une rue perpendiculaire au front de mer. Ce bâtiment existe toujours, il a été transformé en appartements et est appelé communément la maison des correspondants de guerre. Dans un de ses reportages où il raconte le Débarquement, il aime à rappeler les attaches historiques entre le Canada et la France.

> *« La Normandie, cette Normandie que l'on veut toujours revoir comme le dit la chanson, après tout, c'est un peu chez nous, d'autant plus chez nous aujourd'hui que certains de nos gars y dorment leur dernier sommeil sous ce sol riche que leurs ancêtres ont quitté pour aller fonder la Nouvelle-France. »*

Rappelons ici que l'explorateur Samuel de Champlain est parti du port de Honfleur pour fonder la ville de Québec en 1608. Par la suite, Marcel Ouimet couvre toute la bataille de Normandie et entre dans Berlin libéré en juillet 1945.

Le photoreporter hongrois Robert Capa a 30 ans quand il débarque le 6 juin 1944 aux côtés des troupes américaines à Omaha Beach. Il jouit déjà d'une grande notoriété pour sa couverture de la guerre d'Espagne et de l'invasion de la Chine par le Japon. Pour le D-Day, il est le seul photographe à être autorisé à accompagner les GI's de la première vague d'assaut. Les combats sur Omaha Beach sont d'une grande intensité, d'une violence effrayante. Malgré tout, Robert Capa appuie sur le déclencheur de ses appareils photos, ses onze clichés du Jour J font le tour du monde et sont surnommés *The Magnificent Eleven*. Ces images en noir et blanc sont floues mais nettement inscrites dans la mémoire collective. La question des photographies prises par Robert Capa le matin du D-Day à Omaha reste controversée. Et toujours cette question : pourquoi ce photoreporter aguerri n'a-t-il ramené que onze clichés flous ? La version officielle présentée dans les mémoires de ce dernier publiées en 1947 et intitulées *Slightly Out of Focus* – *Juste un peu flou* en français – relate une erreur au moment du développement de la pellicule. Pressé et sous pression, le laborantin a commis une maladresse fatidique. Sur la centaine de photographies, seulement onze ont été sauvées. Cette histoire aurait-elle été inventée pour ne pas entacher la réputation du magazine *Life* et entretenir le mythe Robert Capa ? C'est la théorie avancée par le critique photo américain Coleman et relayée par différents médias et analystes en 2015. Selon lui, le reporter n'aurait réalisé que ces onze photographies et l'argument de l'erreur technique ne tient pas. Alors de nouvelles interrogations surviennent : Robert Capa aurait-il paniqué ? Aurait-il tremblé pour que les clichés soient flous ? Des témoignages divergent sur le temps passé sur place en ce matin du Jour J. Si le photoreporter affirme être resté 1 h 30 aux côtés des troupes d'assaut, des témoins estiment plutôt sa présence autour de 30 minutes. Toujours est-il que Robert Capa regagne l'Angleterre le 6 juin épuisé et choqué. Il retrouve le terrain le 8 juin quand il débarque de nouveau à Omaha. Même si le débat est lancé autour du travail de Robert Capa le 6 juin 1944, il ne faut pas oublier qu'il a couvert le D-Day avec les soldats de la première vague d'assaut aux instants les plus périlleux et sur la plage la plus meurtrière. La puissance de feu allemande était impressionnante, des soldats sont tués tout autour de lui et la mort est omniprésente. Pourtant, Robert Capa photographie, regarde le monde et la guerre à travers son objectif et ramène des photographies. La peur est une évidence mais son courage ne peut être contesté.

Erwin Rommel
Le maréchal désavoué

Quand Hitler accède au pouvoir en 1933, Erwin Rommel est convaincu que c'est une chance pour l'Allemagne. Après s'être révélé lors de la Première Guerre mondiale, il se réjouit du retour du service militaire et de la création d'une nouvelle grande armée allemande, la Wehrmacht, en 1935. Pourtant, ces deux mesures sont interdites depuis la défaite de l'Allemagne lors de la Grande Guerre et par les articles du traité de Versailles de 1919. Pour Rommel, Hitler et ses décisions incarnent le retour de la grandeur de l'Allemagne. Il a la réputation d'être le préféré du Führer. Il est la figure de proue de la *Blitzkrieg*, la « guerre éclair » menée par les armées allemandes en mai et juin 1940 et qui a pour conséquence l'occupation du Bénélux et de la France en seulement quelques semaines. Sa division blindée est tellement rapide qu'elle est surnommée « la division fantôme ». La légende raconte que personne n'est en mesure de savoir où elle se trouve. En février 1941, il prend le commandement de l'Afrika Korps et combat en Afrique du Nord. Dans un premier temps, il signe plusieurs victoires et devient le « Renard du désert ». Il affronte au Maghreb le général britannique Montgomery. Monty lui voue d'ailleurs une certaine admiration, certains témoins racontent avoir découvert un portrait de Rommel accroché dans la roulotte du général britannique en Normandie durant l'été 44.

La Normandie sera la dernière zone de combat pour le grand Rommel. Après avoir quitté l'Afrique du Nord au printemps 43, il a pour mission de se rendre sur le Mur de l'Atlantique et d'inspecter les infrastructures de défense allemande. Puis il prend la tête du groupe d'armées B qui s'étend de la Loire aux Pays-Bas. Rommel n'est pas convaincu par le Mur de l'Atlantique, il fait donc installer des obstacles redoutables à différents endroits. Selon lui, la clé pour repousser un débarquement allié et éviter l'« invasion » est de stationner le maximum de divisions blindées aux abords des côtes. Mais son supérieur von Rundstedt, commandant en chef à l'Ouest, n'est pas de cet avis. Hitler, commandant suprême des forces armées du Reich tente de trouver une issue à cette polémique, à cette *Panzerkontroverse*. Finalement, rien n'est vraiment tranché et les forces se retrouvent plutôt divisées. Par ailleurs, seul Hitler peut ordonner le déplacement d'une division blindée.

Le 6 juin 1944, Rommel n'est pas à son poste de commandement (PC) mais en Allemagne pour célébrer l'anniversaire de sa femme et rencontrer le Führer. Quand il est réveillé aux alentours de 6 h 30 du matin par un appel téléphonique de son chef d'état-major, il prend la route immédiatement pour la France et annule les entrevues planifiées avec Hitler. Il n'arrive que le soir à son PC de La Roche-Guyon dans le Val-d'Oise. Comme Hitler et la majorité des généraux allemands, il est persuadé que ce débarquement est un leurre et précède une opération de bien plus grande envergure au nord de la Seine. Mais les jours passent et la situation est de plus en plus délicate en Normandie. Rommel et von Rundstedt se rendent à Berlin et rencontrent le Führer les 17 et 29 juin. Ils proposent une retraite des troupes allemands au-delà du Rhin, un accord avec les Alliés et une concentration de l'effort de guerre à l'Est pour battre l'URSS. Hitler est furieux et veut continuer coûte que coûte le combat. Rien ne va plus entre Hitler et Rommel. Au cours de l'été 44, le Maréchal est informé d'un projet d'attentat contre le Führer, il soutient l'idée d'écarter Hitler du pouvoir et du commandement des forces allemandes mais il ne partage pas le projet de son assassinat. Le 17 juillet 1944, Rommel est sur les routes normandes quand sa voiture est attaquée par deux chasseurs de l'aviation alliée à Sainte-Foy-de-Montgommery, à une vingtaine de kilomètres au sud de Lisieux. Blessé sérieusement, les premiers soins sont prodigués dans une pharmacie du bourg de Livarot puis il est transféré à l'hôpital de la Luftwaffe de Bernay dans l'Eure. Il demeure inconscient pendant plusieurs jours. L'identité du pilote allié auteur de l'attaque du prestigieux convoi allemand demeure toujours inconnue même si de nombreux aviateurs ont tenté de s'attribuer ce fait d'arme.

Puis Rommel quitte définitivement la Normandie pour se reposer en Allemagne à son domicile d'Herrlingen. Après l'attentat contre Hitler le 20 juillet 1944, il n'est pas poursuivi dans un premier temps. Mais à l'automne 44, Hitler menace de s'en prendre à sa famille et de briser son honneur en organisant un procès à charge. Le Maréchal Rommel se suicide le 14 octobre 1944. Sur ordre du Führer, des funérailles nationales sont organisées.

Adolf Hitler
Les erreurs du Führer

Le Führer est au-dessus de tous les généraux et maréchaux, il est au sommet de la pyramide de haut-commandement allemand. Il est le commandant suprême des forces armées. Le matin du 6 juin 1944, Hitler dort. Personne n'ose troubler le sommeil du Führer. Il apprend le débarquement des troupes alliées aux alentours de 10 heures du matin. Il est de très bonne humeur et même satisfait que l'ennemi ait enfin osé sortir de sa tanière. Ça y est, les forces allemandes vont pouvoir en découdre et anéantir l'adversaire. Tout en étant plus confiant que jamais, il ne croit pas en ce débarquement. Il est persuadé qu'il s'agit d'une opération de diversion. Les rapports qui lui parviennent le confortent dans cette position. Le plan Fortitude fonctionne toujours, le colonel Roenne en charge d'étudier les forces en présence constate l'absence des armées alliées restées en Écosse et à l'est de l'Angleterre. Les unités fantoches continuent de tromper les Allemands. Il n'y a plus aucun doute dans l'état-major allemand, une invasion par le Nord-Pas-de-Calais n'est plus qu'une question d'heures ou de jours. En conséquence, Hitler tarde à ordonner les mouvements de divisions.

Mais à la mi-juin, changement de décor et d'ambiance. Les Alliés ont déjà bien pénétré à l'intérieur des terres. Comme à son habitude, son opposition est radicale et virulente lorsque Rommel et von Rundstedt lui proposent un repli des forces allemandes. De plus, il s'entête à ne pas diriger ses fusées V1 sur les plages du Débarquement comme proposé par les deux maréchaux. Il veut les pointer vers l'Angleterre. Au début du mois de juillet, après la chute de Cherbourg le 26 juin, Hitler préfère promouvoir l'amiral Hennecke chevalier de la Croix de fer pour avoir détruit toutes les infrastructures possibles du port du nord du Cotentin que d'accepter la terrible réalité.

Au début du mois de juillet 1944, 80 000 soldats allemands ont été tués, blessés ou sont portés disparus depuis le Débarquement. Mais Hitler y croit toujours et surtout il veut résister à tout prix. Épargner des vies humaines n'a jamais fait partie de son équation. La valse des chefs va commencer avec le Führer dans le rôle du grand chef d'orchestre ou du chorégraphe. La ville de Caen n'est pas encore tombée et les Alliés piétinent. Mais une nouvelle contre-attaque blindée se solde par un nouvel échec.

Lorsque certains hauts gradés demandent à von Rundstedt ce qu'il faut faire pour enrayer la progression de l'ennemi, le Maréchal aurait répondu : « La paix, tas d'idiots ! » Le 2 juillet, Hitler décore une nouvelle fois von Rundstedt et le remercie. Von Kluge lui succède au poste de commandant en chef à l'Ouest. Le Führer est enchanté, von Kluge a combattu sur le Front de l'Est, il ne peut être qu'un chef solide. Après l'attaque contre Rommel, Hitler lui confie aussi le commandement du groupe d'armées B.

Hitler abat ses dernières cartes au début du mois d'août à Mortain dans le sud de la Manche, à quelques kilomètres de la frontière ornaise. Son idée est totalement déconnectée de la réalité du terrain mais qu'importe, le plan consiste à lancer une contre-attaque blindée vers la baie du Mont-Saint-Michel déjà dépassée par Patton et son armée qui sont entrés en Bretagne. L'objectif est de couper le ravitaillement des Américains. Hitler croit toujours en la possibilité de rejeter les Alliés à la mer. Pour cela, il faut appeler tous les blindés et les concentrer sur ce seul objectif. Quand les généraux allemands découvrent les modalités de cette mission, ils sont complètement dépités. Cette idée du Führer est loin d'être un coup de génie. Bien au contraire, cette opération s'avère extrêmement dangereuse, en déplaçant des divisions blindées, d'autres places jusqu'alors encore tenues risquent de tomber aux mains des Alliés. Von Kluge est conscient de l'avancée rapide des troupes adverses, des difficultés du ravitaillement, du manque de carburant et craint surtout d'être pris à revers. Mais les ordres du Führer doivent être appliqués. Le 6 août 1944, Mortain est fortement bombardée et devient ainsi la seule ville normande du sud de la Seine ravagée par des bombardements allemands. Le 7 août, la contre-attaque allemande imaginée par Hitler commence. Les chasseurs bombardiers alliés sont impitoyables et empêchent les forces allemandes d'avancer. Le soir même, c'est un fiasco allemand, un de plus en Normandie. Hitler entre dans une colère noire et tient von Kluge pour responsable. Hitler persiste, il faut toujours croire en la victoire et tenter de nouveau une contre-offensive vers la baie du Mont-Saint-Michel et la Bretagne. Mais les heures passent et le général américain Bradley profite de ces heures cruciales pour mettre le cap à l'est dans le but d'encercler les Allemands et de les repousser le plus à l'est possible. Bradley n'aurait jamais pensé être aidé par… Hitler en personne ! Hitler est devenu l'allié des Américains.

Toujours plus à l'Est, en pleine bataille capitale de la poche de Falaise, Hitler limoge von Kluge le 17 août 1944 et le remplace par Model. Hitler pense que von Kluge a participé au complot et à l'attentat manqué contre lui le 20 juillet 1944. Désavoué et considéré comme un traitre, von Kluge se suicide sur la banquette arrière de sa voiture qui fait route vers l'Allemagne le 18 août 1944. Avant de s'administrer du cyanure, il écrit une dernière lettre à Hitler :

« Vous avez livré une guerre honorable et courageuse, l'Histoire l'attestera. Montrez-vous encore une fois à la hauteur de votre tâche

en mettant fin à une lutte inutile, si cela devient nécessaire. Celui qui vous quitte, Mon Führer, vous est resté fidèle, plus que vous ne le croyez peut-être, conscient d'avoir fait son devoir jusqu'au bout.»

Hitler méprise les derniers mots de von Kluge et continue la guerre. Mais encore une fois déçu et en colère contre l'échec de Model dans la poche de Falaise, Hitler rappelle le 5 septembre 1944 von Rundstedt dont la loyauté à son égard est totale. Il a accepté de coprésider la Haute Cour militaire en charge de juger les officiers accusés d'avoir fomenté l'attentat du 20 juillet contre sa personne. Mais quand von Rundstedt redevient commandant en chef à l'Ouest, la bataille de Normandie est perdue, Paris est déjà libéré et les Alliés sont en route vers l'Allemagne. La chute d'Hitler et du IIIe Reich ne fait plus aucun doute.

Troisième partie

Mémoire du Débarquement et de la bataille de Normandie

Commémorations officielles

Tous les dix ans depuis 1984, puis tous les cinq ans depuis 2004, la plupart des dirigeants politiques ou souverains des principales puissances engagées dans la Seconde Guerre mondiale se donnent rendez-vous en Normandie le 6 juin pour participer aux cérémonies officielles. Il faut donc attendre quarante années pour voir la Normandie devenir un lieu incontournable des commémorations du Jour J et une terre où la Paix est célébrée.

Avant les années 1980, le rituel n'est pas encore institué. Certes des cérémonies ont lieu mais les participants sont surtout des militaires, des élus locaux, des habitants ou des représentants des personnalités, voire des représentants des représentants. Seulement deux exceptions sont à souligner. Le 6 juin 1954, dans le cadre du dixième anniversaire du débarquement, le président de la République René Coty et le président du Conseil, Joseph Laniel font le déplacement en Normandie pour une cérémonie organisée à Arromanches. La présence des deux plus hauts dirigeants de la République française est certainement due non seulement à leur attachement à cet épisode de l'histoire mais sûrement aussi en fonction de leur origine normande commune. René Coty est originaire du Havre et Joseph Laniel représente depuis plusieurs décennies la circonscription et le canton de Livarot. L'autre président de la République à se déplacer en Normandie avant 1984 est Valéry Giscard d'Estaing. Il semble vouloir racheter sa décision contestée de début de septennat. Il avait annoncé quelques mois après son élection ne plus vouloir commémorer le 8 mai. Une interminable polémique s'en était suivie. Qu'importe, le président a tenu bon jusqu'à la fin de son mandat, préférant célébrer le 9 mai 1950, date du discours fondateur de la construction européenne prononcé par Robert Schuman. Alors, pour montrer son attachement aux commémorations de la Seconde Guerre mondiale et à la libération de la France, il invite en 1978 le président américain Jimmy Carter sur les plages du D-Day. Aussi étonnant que cela puisse paraître, il ne choisit pas une année symbolique puisque c'est le 34e anniversaire du Jour J. Un premier instant solennel se tient au cimetière américain de Colleville. À l'issue des discours, Valéry Giscard d'Estaing, dont le goût pour la mise en scène est connu de tous, s'en va aux côtés de son homologue américain vers les falaises. Les silhouettes des deux hommes se retrouvent seules face à la mer, aux éléments, et donc à l'Histoire. Puis vient le temps d'une cérémonie française à Bayeux durant laquelle le chef de l'État rend hommage à la genèse de la Constitution de la Cinquième République.

Une absence de taille est remarquée sur les plages de Normandie lors des anniversaires du Débarquement : celle du général de Gaulle. Jamais cet acteur clé de l'histoire de la France dans la Seconde Guerre mondiale n'est venu assister à une cérémonie commémorative. Le 6 juin 1964, année du vingtième anniversaire, il fit tout de même une brève allocution : « La cérémonie aujourd'hui est un événement qui revêt sans aucun doute, aux yeux de nos pays, une grande importance. (…) Cette cérémonie a une vaste portée parce que, pour le monde, ce dont il s'agit surtout c'est de la paix. La paix est évidemment essentielle à tous les hommes, c'est la raison pour laquelle nous tous qui voulons la paix pouvons et devons-nous comprendre et nous entendre. » Mais ces phrases emplies de sens et de lyrisme n'ont jamais retenti dans le ciel de Normandie mais sous les dorures du palais de l'Élysée. Le général de Gaulle prit un malin plaisir à faire cette déclaration lors de la réception des lettres de créance de l'ambassadeur de Chine populaire, État reconnu par la France quelques mois plus tôt à la grande incompréhension et déception des États-Unis. En revanche, il sera présent le 15 août pour les 20 ans du débarquement de Provence où il rappelle l'extraordinaire effort français né du rassemblement des forces de la Résistance et de l'armée d'Algérie. La même année, il présidera aussi le 26 août l'anniversaire de la libération de Paris. Ce printemps et cet été 64, le général de Gaulle ignore donc les plages du Débarquement, un pied de nez de plus aux États-Unis qui ne l'encouragèrent guère à s'y trouver vingt ans plus tôt. C'est un certain Jean Sainteny, ministre des Anciens Combattants, qui se rendit en Normandie pour représenter le sommet de l'État. Cinq ans plus tard, en 1969, Alain Poher est président de la République par intérim suite à la démission du général de Gaulle après l'échec du référendum sur la réforme du Sénat et la régionalisation. Le second tour de l'élection présidentielle est fixé au 15 juin, Alain Poher préfère se concentrer sur la campagne. Le vainqueur, Georges Pompidou, ne se rendra jamais en Normandie, il décède le 2 avril 1974.

C'est donc François Mitterrand en 1984 qui inaugurera le rythme des commémorations du Débarquement à des dates anniversaires emblématiques et qui institua ainsi un rituel. Seront présents aussi en Normandie cette même année le président américain Ronald Reagan et quelques têtes couronnées : la reine Élizabeth et ses consœurs du Danemark et des Pays Bas, les rois de Belgique et de Norvège, le grand-duc du Luxembourg et le Premier ministre du Canada. La cérémonie a lieu à Utah Beach, la mise en scène est millimétrée. Pour la première fois, une scénographie commémorative est organisée. En parallèle, Ronald Reagan se rend à la pointe du Hoc et s'entretient avec des vétérans, prenant soin d'apparaître ému sous le regard des objectifs et des caméras. Le 6 juin 1994, la sensation vient des dirigeants des deux puissances alliées. La reine Élizabeth et le jeune président américain Bill Clinton traversent côte à côte la Manche, la première à bord de son yacht royal, le second sur le plus grand porte-avions du monde et c'est toujours ensemble qu'ils débarquent sur la côte normande. Les cérémonies de 2004 entrent dans l'histoire avec pour la première fois la présence du chancelier allemand et du président russe en les personnes de Gerhard Schröder et Vladimir Poutine. Une image fera le tour du monde, celle de l'accolade de Jacques Chirac et de Gerhard Schröder au Mémorial de Caen. De nombreuses photographies immortalisent ce nouveau temps fort, nouvelle démonstration de la réconciliation franco-allemande. Concernant la Russie, même si le pays ne participe pas aux combats du front de l'Ouest, il est intéressant de constater qu'il faut attendre 60 ans après les événements et un peu plus de 10 ans après la fin de la guerre froide pour voir enfin un représentant de la puissance alliée ayant payé le plus lourd tribut en nombre de victimes aux côtés des plus hauts représentants américains, français et britanniques. En 2009, pour le 65e anniversaire du Jour J,

Nicolas Sarkozy se réjouit de recevoir Barack Obama alors qu'il a oublié d'adresser une invitation à la reine d'Angleterre. La presse française et surtout britannique s'en fait l'écho, déclenchant un scandale outre-Manche. Seul le Premier ministre Gordon Brown sera finalement présent.

La dernière commémoration marquante est celle du 6 juin 2014. Cette journée commence par une première cérémonie nationale inédite et souhaitée par le président François Hollande. Un hommage est rendu aux victimes civiles sur l'esplanade du Mémorial de Caen. Sous un ciel bleu azur, l'émotion est forte. Certains observateurs ne manquent pas de souligner l'étonnante clémence des cieux pour un président tant prompt à recevoir des averses. La cérémonie internationale se déroule à Ouistreham et personne ne manque à l'appel. Ce jour-là, il fait très chaud en Normandie, les températures avoisinent les 30 degrés. Quelques vétérans sont victimes de légers malaises et les services de secours distribuent tout au long de la cérémonie et pendant les discours des bouteilles d'eau à ces anciens combattants âgés pour la plus plupart de 90 ans et plus. Durant cette cérémonie, deux vétérans marqueront les esprits : le Français Léon Gautier, ancien membre du commando Kieffer et l'Allemand Johannes Börner. Tous deux résident à Ouistreham et sont devenus de grands amis les décennies suivant le conflit. Devant les caméras du monde entier et les dirigeants de la planète, ils se prennent dans les bras et s'embrassent. C'est l'image clé de ces commémorations.

ILS NE SONT PAS
SI MAL ÉLEVÉS
CES AMÉRICAINS !
CHAUNU

ET MOI
JE SENS LE
FISH AND CHIPS ?
BARACK !
CHAUNU

Les mois précédant ce 6 juin 2014, éditorialistes, historiens, politiques débattent autour de la légitimité d'inviter Vladimir Poutine en pleine crise ukrainienne ; des séparatistes pro-russes souhaitent le rattachement de l'Ukraine à la Russie. Le président russe est soupçonné de soutenir en sous-main les séparatistes. Au-delà des questions géopolitiques contemporaines, il est impossible d'oublier la participation capitale de l'Armée rouge dans la victoire finale face à l'Allemagne nazie et le rôle crucial des succès enregistrés sur le Front de l'Est. De plus, l'URSS est le pays qui a payé le plus lourd tribut, entre 25 et 26 millions de victimes civiles et militaires sur les 60 millions de morts de la Seconde Guerre mondiale. Au final, Vladimir Poutine est invité, il répond favorablement et rencontre pour la première fois son homologue ukrainien en Normandie au château de Bénouville. C'est là où est servi le déjeuner officiel en présence de vingt chefs d'État et de gouvernement. Le président de la république française François Hollande a joué l'entremetteur. Ce déjeuner préparé par cinq grands chefs normands sera aussi l'objet de tous les fantasmes culinaires. De nombreux journalistes tentent de percer le mystère du menu quelques jours auparavant. Ils s'amusent à identifier les mets qu'il ne faut surtout pas servir à la reine d'Angleterre pour ne pas froisser sa Majesté et éviter la crise diplomatique. La famille royale sera largement à l'honneur toute la journée de ce 6 juin 2014 ; en plus de la traditionnelle présence du prince Charles, tous les regards sont tournés vers le prince William et Kate Middleton. Pour la première fois, le duc et la duchesse de Cambridge président une cérémonie officielle, celle d'Arromanches, en fin d'après-midi. En revanche, à la grande déception de la presse *people*, aucune trace du pourtant très attendu premier enfant du couple princier, « Baby George », à peine âgé de 11 mois.

La Normandie serait donc devenue « The Place to Be », chaque 6 juin tous les cinq ou dix ans depuis 1984, pour de nombreux dirigeants ou têtes couronnées. Ces personnalités se déplacent sur les plages et en terre normande pour rendre hommage aux combattants survivants, aux victimes, et rassembler les peuples autour de symboles universels de paix. L'événement peut permettre aussi à certains gouvernants d'asseoir leur reconnaissance internationale ou d'imprégner leur discours politique de messages forts. Mais dans ces rendez-vous des puissants et dans ces grandes commémorations, quelle est la place des Normands ?

La sécurité autour des sites des commémorations officielles n'a fait que s'accroître à partir de 1994. Dès l'instant qu'un chef d'État ou de gouvernement est présent, il est impossible pour tout citoyen lambda de se rendre à la cérémonie. La sécurité se renforce considérablement à partir de 2004, moins de trois ans après les attentats du 11 septembre 2001, le président américain tant controversé George W. Bush est présent, des routes entières seront fermées à la circulation en fonction des itinéraires des convois officiels. Ce type de dispositif sera renouvelé par la suite à chaque grand anniversaire reléguant les Normands derrière de multiples cordons de sécurité. Conscientes de ces désagréments, les autorités françaises ont toujours pris soin d'associer quelques Normands aux cérémonies. Le 6 juin 2004 par exemple, la chorale universitaire de Caen chante devant la tribune officielle à Arromanches. Un jeune artiste, devenu professeur d'histoire-géographie agrégé depuis, racontera quelques plus tard n'avoir rien vu des chefs d'État pourtant rassemblés devant lui. Dans l'obligation d'ôter ses lunettes et pourtant myope, il chanta devant Jacques Chirac, la reine d'Angleterre ou Georges W. Bush sans pouvoir les distinguer, clamant le chant des partisans dans un flou artistique. En 2014, 150 enfants de plusieurs écoles de Ouistreham participent à la cérémonie internationale. Une quinzaine d'entre eux, élèves en CM1, ont escorté sur le tapis rouge des invités prestigieux comme la reine d'Angleterre ou le prince Charles. Un souvenir inoubliable pour ces fillettes et ces garçons de 9 ou 10 ans.

Les cimetières militaires
Lieux de mémoire des soldats

Les cimetières des soldats américains, britanniques, du Commonwealth, canadiens, polonais, allemands ou français inscrivent dans le paysage et ancrent sur le sol normand le souvenir et la mémoire des combattants morts le 6 juin et durant toute la bataille de Normandie. Il peut s'y ajouter une dimension spirituelle et existentielle selon les croyances, les sentiments ou les opinions des personnes confrontées à ces croix et stèles alignées. Tous ces cimetières sont devenus des « lieux de mémoire », selon la définition proposée en 1992 par le célèbre historien Pierre Nora : « Un lieu de mémoire est une entité chargée de sens, de nature indifféremment matérielle ou immatérielle, qui, par la volonté de l'homme ou par le travail du temps, est devenue un élément symbolique de l'héritage mémoriel de toute communauté. » Au-delà de rendre hommage à ces militaires tués sur le front normand, ces « Lieux de mémoire » sont devenus des étapes incontournables du « tourisme de mémoire ».

Le plus visité des cimetières militaires est le cimetière américain de Colleville-sur-Mer surplombant la plage d'Omaha Beach. Chaque année entre 1,5 million et 2 millions de personnes viennent s'y recueillir. Le Normandy American Cemetery a été inauguré en 1956. Contrairement à une idée reçue, cet espace n'est pas un territoire américain mais a été concédé à perpétuité par la France aux États-Unis. Il est administré par la commission américaine des monuments de guerre, l'ABMC, *American battle monuments commission*. Le cimetière américain compte 9 387 stèles. Chaque tombe est symbolisée par une croix latine ou une étoile de David réalisées en marbre blanc d'Italie. Aussi étrange que cela puisse paraître, une question est souvent posée par les visiteurs : les corps des soldats sont-ils vraiment enterrés sous ces stèles ? La réponse est oui. La blancheur immaculée des tombeaux disposés en rangées parfaites sur des parcelles de pelouses soigneusement tondues, entourés d'espaces et monuments à l'esthétique réfléchie, amènent peut-être le visiteur à conférer à ces pierres tombales une valeur métaphorique. Même si 60 % des dépouilles des Américains morts en France durant la Seconde Guerre mondiale ont été rapatriées, deux cimetières permanents ont été construits en Normandie entre 1948 et 1956 à Saint-James dans le Sud Manche et celui du secteur d'Omaha Beach dans le Calvados. Ce dernier se caractérise aussi par son jardin du souvenir et son mur en arc de cercle sur lequel les noms de 1 557 soldats disparus sont gravés. Le cimetière américain de Colleville-sur-Mer est aussi célèbre pour ses œuvres et son architecture monumentales érigées à la gloire du sacrifice du soldat américain. Au centre de la colonnade : une immense statue en bronze. Cette œuvre est intitulée *The Spirit of American Youth Rising from the Waves*, « l'Esprit de la jeunesse américaine s'élevant des Flots ». Le corps dénudé à la musculature parfaite fait penser aux statues antiques, la tête du personnage est tournée vers le ciel comme pour donner un caractère divin à cette renaissance perpétuelle de la vie portée par la jeunesse américaine. La statue représente un jeune homme fort, gracieux, beau et majestueux. Nous sommes bien loin de la réalité des combats, des corps transpercés, meurtris, déchiquetés, de certains visages défigurés des GI'S tombés le 6 juin 1944 et durant la bataille de Normandie. Entourée de lignes architecturales fortes, la sensation de puissance émerge de l'ensemble : puissance de la patrie, des États-Unis, de l'armée américaine. L'objectif est d'honorer, émouvoir, impressionner. Le cimetière américain de Colleville-sur-Mer revêt une importance particulière pour les États-Unis, en témoigne cette capsule scellée à droite de l'entrée et qui ne sera ouverte que le 6 juin 2044, soit un siècle après le D-Day selon le souhait des autorités américaines. Elle contient des articles de presse parus au moment de l'offensive, et un message d'Eisenhower adressé aux générations futures.

Tous les cimetières des autres nations se rejoignent sur une approche plus sobre de l'organisation de l'espace. Les cimetières militaires britanniques sont les plus nombreux en Normandie car la tradition ancestrale est d'enterrer le soldat à proximité du champ de bataille où il est mort. Dix-huit cimetières britanniques sont recensés sur le sol normand. Le plus étendu est celui de Bayeux. Le Bayeux War Cemetery est même le plus grand cimetière britannique de la Seconde Guerre mondiale en France, il compte 4 144 tombes de soldats originaires du Royaume-Uni et du Commonwealth (Australie, Nouvelle-Zélande, Afrique du Sud). Ce lieu a aussi la particularité d'accueillir les sépultures de soldats étrangers, canadiens, tchèques, slovaques, italiens, polonais, russes et même allemands. L'hommage aux soldats tués au combat ne s'arrête pas là car en face du cimetière a été érigé un mémorial sur lequel sont gravés les noms de 1 798 soldats du Commonwealth décédés durant la bataille de Normandie. Il est très intéressant et important de souligner cette inscription sur le mémorial au sens historique évocateur : «*Nos a Gulielmo victi victoris patriam liberavimus*», cette phrase se traduit ainsi en français : «Nous qui avons été vaincus par Guillaume, avons libéré la partie du vainqueur.» Cette maxime fait référence à Guillaume de Normandie, duc de Normandie et couronné roi d'Angleterre en 1066, après avoir débarqué sur le rivage anglais, remporté la bataille d'Hastings et ainsi conquis l'Angleterre. Le parallèle historique est saisissant.

Les cimetières allemands quant à eux se traduisent par une austérité très prégnante. Il en existe six en Normandie ; le plus emblématique est celui de La Cambe où reposent 21 222 soldats de la Wehrmacht et aussi SS. Le lieu est choisi en 1954 en vertu de l'accord franco-allemand relatif aux tombes de guerre. Inaugurées officiellement en 1961, les croix et les stèles sont de couleur sombre perpétuant ainsi une décision prise lors du traité de Versailles en 1919 pour les cimetières militaires du pays vaincu de la Première Guerre mondiale. Ce cimetière se caractérise par un tumulus central recouvert de pelouse et un escalier qui mène au sommet où ont été érigées une grande croix noire et deux statues en basalte. Tout autour, plusieurs rangées de cinq croix alignées sont disposées, les tombes des soldats sont symbolisées par une plaque. L'une d'elles, certainement la plus fleurie, a été volée à deux reprises en juillet 2015 et mai 2018, celle de Michael Wittmann, chef de tank SS devenu légendaire grâce à ses exploits relayés et instrumentalisés par la propagande nazie. Il aurait abattu 138 chars durant sa carrière. Plus de 70 ans après la fin du conflit, les nostalgiques du IIIe Reich et du régime nazi ou certaines personnes conscientes qu'il existe un marché lucratif autour de ces objets sont à la recherche de pièces uniques. Déjà deux plaques ont été dérobées et elles ont toujours été remplacées.

L'administration et l'entretien des cimetières allemands ont été confiés en 1950 à une association privée le *Volksbund Deutsche Kriegsgräberfürsorge*, signifiant « Service pour l'entretien des sépultures militaires allemandes ». Pour mener à bien sa tâche, la RFA lui donna pour mot d'ordre « la réconciliation par-dessus les tombes », « *Versöhnung über den Gräbern* ». Pour honorer cette importante et noble mission, le cimetière de La Cambe accueille le premier camp de jeunes organisé par le Volksbund en 1958. Des adolescents ou jeunes étudiants viennent entretenir et rénover les tombes. À l'origine allemands, de jeunes Français viennent les rejoindre par la suite. Des amitiés se tissent entre eux ou avec des habitants des environs. La réconciliation franco-allemande est le fruit de nombreuses décennies de discours, d'actes politiques ou d'initiatives citoyennes comme les jumelages. Au lendemain de la Seconde Guerre mondiale, cette réconciliation franco-allemande était loin d'être évidente. Les tombes allemandes, ces sépultures des vaincus, étaient délaissées comme en témoigne une jeune infirmière en 1945 : « Et on voit, par-ci par-là, de pauvres tombes que personne ne vient fleurir, où personne ne vient prier. » Désormais, ce lieu a pour vocation de défendre une paix universelle. Le 5 juin 2009, une cérémonie de grande envergure a été organisée en présence de près de 700 vétérans allemands, mais aussi français et américains. Cette même année, en face du cimetière, un « Jardin de la Paix », financé par de nombreux pays, a été créé et 1 200 érables plantés.

En Normandie, il existe aussi deux cimetières canadiens. Le plus connu est à quelques kilomètres de Juno Beach, secteur canadien du Débarquement, à Bény-sur-Mer-Reviers. 2 049 soldats y sont enterrés. Le second, le Bretteville-sur-Laize Canadian War Cemetery, se situe à Cintheaux. 2 960 soldats y reposent. Comme pour tous les cimetières du Commonwealth, les stèles sont alignées et de couleur claire. En plus de pouvoir lire sur ces tombes les nom, prénom, âge, unité d'appartenance et date de décès, les familles ont pu ajouter et graver une pensée ou un message personnel.

Le cimetière polonais d'Urville-Langannerie, situé entre Caen et Falaise est le plus méconnu de tous les cimetières des combattants étrangers, et pourtant, c'est la seule nécropole polonaise de la Seconde Guerre mondiale en France. Les Polonais ont payé un lourd tribut lors de la dernière phase de la bataille de Normandie dans l'épisode de la fermeture de la poche de Falaise. La plupart des 615 combattants polonais inhumés dans ce lieu unique étaient membres de 1re Division blindée du général Maczek. Des croix se succèdent et une allée centrale conduit à un monument en forme de V surmonté d'une sculpture en aluminium représentant l'aigle polonais. Ce cimetière est certainement le plus confidentiel mais de nombreux médias s'y sont tout de même rendus lors de cérémonies officielles emblématiques. En 1994, la présence de François Mitterrand et de Lech Walesa avait suscité un certain émoi. L'image est forte : le président socialiste de la République française, à un an de la fin de son second septennat, est aux côtés de l'ancien syndicaliste et fondateur de Solidarnosc, prix Nobel de la Paix et devenu lui aussi chef de l'État depuis 1990, à l'issue des premières élections libres depuis la chute du rideau de fer. En 2004, le cimetière militaire polonais d'Urville-Langannerie accueille de nouveau les médias pour la venue du Premier ministre Jean-Pierre Raffarin et en 2014 pour celles de François Hollande et de son homologue polonais Bronislaw Komorowski.

Enfin le plus petit cimetière, dont l'existence est hélas presque oubliée du grand public, est celui des Gateys dans l'Orne. Et pourtant c'est le seul cimetière normand dédié aux soldats français qui sont morts au front durant la bataille de Normandie. 19 combattants de la Deuxième Division Blindée y sont enterrés. La faible notoriété de ce lieu vient sans doute de la focalisation de la couverture médiatique sur le 6 juin. Tous ces hommes ont débarqué le 1er août 1944 à Utah Beach. Tous sont morts pour la libération de l'Orne l'été 44. Dans un premier temps, les corps de six militaires morts en forêt d'Écouves sont inhumés sur un terrain privé au lieu-dit « Les Gateys » sur la commune de Saint-Nicolas-des-Bois. En 1964, l'association « La Maison des Anciens de la 2e D.B. » devient propriétaire de cette parcelle et aménage le site. En 1987, le conseil départemental de l'Orne souhaite regrouper les sépultures des soldats de la 2e D.B. décédés pour la libération du département. « La Maison des Anciens de la 2e D.B. » donne alors le terrain et 11 soldats y sont inhumés une deuxième fois. Depuis, ce cimetière militaire est devenu une nécropole nationale. L'esprit d'union et de fraternité de la 2e D.B. est symbolisé par la présence côte à côte de croix latines et de stèles sur lesquelles figurent le croissant de l'Islam ou l'étoile de David.

Les cimetières militaires. Lieux de mémoire des soldats

Le tourisme de mémoire

L'ambition de faire de la Normandie et des plages du Débarquement un lieu de mémoire et de tourisme apparaît moins d'un an après le Jour J. En mai 1945, Raymond Triboulet, ancien résistant et à cette époque sous-préfet de Bayeux, crée le Comité du Débarquement. Les statuts sont sans équivoque : « Cette association a pour objet la commémoration par tous les moyens du Débarquement et notamment le développement du tourisme dans la zone de Débarquement. » Les moyens d'action sont aussi précisés : « L'organisation de cérémonies, de conférences, d'expositions, l'établissement de musées, de monuments et tous autres moyens appropriés. » Dans la loi du 21 mai 1947 « relative à la conservation du souvenir du Débarquement allié en Normandie », l'aménagement et le classement des lieux emblématiques comme Utah, Omaha et le port artificiel d'Arromanches sont présentés comme une priorité. Il est aussi demandé au Conservatoire des Monuments historiques de participer à « la construction et l'entretien des musées consacrés au Débarquement et à la mise en place de plaques de commémoration ». Plusieurs ministères doivent contribuer à poser les bases de ce tourisme de mémoire. Celui des Transports doit créer une « route du débarquement » sur les traces des libérateurs avec de la signalisation facilitant l'accès aux différents lieux considérés incontournables. Le ministère de la Reconstruction doit favoriser la création d'infrastructures hôtelières à proximité des sites. Enfin, même le Commissariat général au Tourisme doit aider les syndicats d'initiative locaux. Il est même stipulé que la région Normandie, et plus particulièrement les territoires du Débarquement et de la bataille de l'été 44, doit devenir « un lieu de pèlerinage. »

Les premiers guides touristiques ne tardent pas non plus à paraître. En 1946, est publié *Le Nouveau Guide aux Léopards de la Normandie. Le pèlerinage des batailles*. Un an plus tard, Michelin édite une carte routière spéciale « Bataille de Normandie » et des affiches promotionnelles de la SNCF invitent les voyageurs à visiter les plages du Débarquement. En 1950, place aux *Guides Rouges – La Normandie et ses plages,* puis un guide bleu Hachette qui sera publié quelque temps plus tard.

Très tôt, la volonté d'honorer la mémoire des combattants et en parallèle d'établir un tourisme de mémoire est donc formulée et concrétisée par des décisions politiques, des lois, la publication d'ouvrages et documents, la mise en place de plaques commémoratives et l'édification de monuments et musées. Deux premiers monuments sont élevés à la mémoire des soldats alors que la guerre continue : le 14 juillet 1944 à Amfreville par les commandos français et britanniques et le 11 novembre 1944 par le général Caffey devant la plage d'Utah Beach pour se souvenir de la 1re brigade du Génie américain. À Partir de 1949, le Comité du Débarquement fait édifier dix monuments appelés « monuments signaux » sur les lieux symboliques du Débarquement. Ils sont disposés le long des 90 kilomètres de côtes du Débarquement, de Ouistreham dans le Calvados à l'est, jusqu'à Saint-Martin-de-Varreville dans la Manche, à l'ouest. Six de ces monuments en granit sont érigés sur le littoral et quatre dans les terres. Le maréchal Montgomery a eu l'honneur de poser la première pierre du premier monument à Bernières-sur-Mer dans le Calvados le 6 juin 1949. Deux personnalités de haut rang ont aussi inauguré d'autres monuments signaux : le président de la République René Coty le 6 juin 1954 à Carentan et Sainte-Mère-Église et le maréchal Leclerc le 6 juin 1958 à Isigny-sur-Mer. Les autres monuments signaux se situent à Saint-Laurent-sur-Mer, Graye-sur-Mer, Port-en-Bessin et Bénouville. Ils ont été conçus par Yves-Marie Froidevaux, architecte en chef des monuments historiques ; ils ont la forme d'une cheminée de navire et représentent l'élan de la terre vers la mer, celui qui a mené les libérateurs vers la Normandie et le continent européen.

Les premiers musées sont ouverts également dans les années 1950 et pas forcément là où nous pourrions les attendre. Le plus ancien est loin des côtes et se situe dans les terres, c'est le musée Juin 1944 de L'Aigle dans l'Orne ;

il est inauguré en 1953. Un an plus tard, à Cherbourg, le musée du fort du Roule ouvre ses portes alors que le Nord Cotentin ne fait pas partie des plages du D-Day. Le premier musée situé sur les lieux du Jour J est celui d'Arromanches, il fait face aux vestiges du port artificiel britannique et est inauguré le 6 juin 1954 dans le cadre du dixième anniversaire du Débarquement en présence de René Coty, le président de la République française.

Les autres monuments qui à la fois commémorent les libérateurs et guident les touristes sont les bornes de la Voie de la Liberté. Elles symbolisent le parcours de la troisième armée américaine commandée par le général Patton. Ces 1 147 bornes ont été implantées de Sainte-Mère-Église, dans la Manche, à Bastogne en Belgique. À l'origine de cette Voie de la Liberté : Guy de la Vasselais, ancien Chef de la Mission militaire française de la liaison tactique auprès de la 3e Armée américaine du général Patton et Gabriel Hocquard, maire de Metz. Ils souhaitent dès 1946 rendre hommage aux Américains de la légendaire 3e armée venue libérer la France et l'Europe. La borne dite « originelle » ou « kilomètre 0 » est officiellement posée le 16 septembre 1947 à Sainte-Mère-Église. Il existe une deuxième borne « kilomètre 00 » à Utah Beach. Pour célébrer cette Voie de la Liberté et même aider à son financement, la Poste avait édité un timbre au prix de 6 francs avec une surtaxe de 4 francs du 10 septembre 1947 au 17 janvier 1948. Tous les décors de ces bornes ont un sens. En haut, les 48 étoiles représentent les 48 États des États-Unis en 1947. La flamme centrale est une allégorie du flambeau de la Liberté sortant de la mer, le modèle de ce dessin est la flamme de la Statue de la Liberté. Enfin les quatre rectangles de couleurs disposés autour de la borne symbolisent les 4 tracés de la Voie de la Liberté : Sainte-Mère-Église-Cherbourg, Sainte-Mère-Église-Avranches, Avranches-Metz et Metz-Luxembourg-Bastogne. En 70 ans, ces bornes ont parfois été endommagées par les aléas du temps, le manque d'entretien, certaines ont perdu leur couleur ou même leur forme, d'autres ont été retirées sous le prétexte de la sécurité routière, certaines ont été remplacées par des bornes en plastique. Et voilà que certains symboles de cet itinéraire victorieux tombent en désuétude, voire au pire semblent déranger et susciter l'indifférence. Alors, en 2017, les municipalités de Sainte-Mère-Église, Auneau-Bleury-Saint-Symphorien en Eure-et-Loire, Chateaubriand et Bastogne en Belgique ont décidé de relancer le Comité de la Voie de la Liberté pour restaurer les bornes abandonnées et donner un sens patrimonial, pédagogique et scientifique à ces emblèmes érigés à la gloire des libérateurs américains.

En Normandie, le nombre de monuments, de plaques commémoratives et de musées a augmenté considérablement à partir des grandes commémorations. Les années 1980 et 1990 représentent des tournants majeurs. Les trois quarts des monuments commémoratifs ont été érigés depuis 1984. Rien que dans le Calvados, autour de 800 monuments sont recensés. En ce qui concerne les musées, plus de la moitié d'entre eux ont été construits après 1990. Des collectionneurs, des collectivités territoriales ou même le gouvernement américain sont à l'origine de ces musées. Les États-Unis sont à l'initiative du *Visitor Center* du cimetière américain de Colleville-sur-Mer. Il a été inauguré en 2007 et au cours de cette première année d'ouverture, 450 000 personnes s'y sont rendues. Le musée le plus récent qui a ouvert ses portes au public est le Mémorial des civils dans la guerre de Falaise, inauguré le 8 mai 2016. Il est consacré au quotidien des populations en période de conflit armé et une partie a été construite sur les ruines d'une maison détruite pendant les bombardements de 1944. Il dépend du Mémorial de Caen, musée célèbre dans le monde entier et devenu incontournable pour qui souhaite comprendre les origines de la Seconde Guerre mondiale, toutes les dimensions du conflit, le Débarquement et la bataille de Normandie, et même désormais toute l'histoire et tous les enjeux des conflits contemporains.

Le sculpteur du Mémorial de Caen

Le Mémorial de Caen, « cité de l'histoire pour la Paix », fait partie du paysage de la ville. Au-delà d'un musée, c'est une œuvre architecturale. Certains le considèrent comme une sculpture à part entière. Cette œuvre a été imaginée et dessinée par l'architecte caennais Jacques Millet, un enfant de la ville, né au lendemain de la Seconde Guerre mondiale, en 1950. Pour un grand nombre de Caennais et de Caennaises qui ont connu la guerre, les bombardements et la libération de Caen, le Mémorial incarne bien plus qu'un musée. Pour Henriette Chauvière, aujourd'hui âgée de 98 ans et ancienne directrice du Cours Prieur, une des écoles primaires les plus emblématiques de la ville, la façade du Mémorial de Caen impressionne le visiteur par « sa force et sa sobriété ». Être confronté au Mémorial de Caen, c'est comme être devant une stèle de grande envergure dans laquelle le visiteur pénétrerait pour comprendre l'Histoire.

L'instigateur du projet du Mémorial est Jean-Marie Giraud. Il fut maire de Caen pendant 31 ans. Le 6 juin 1944, il était âgé de 18 ans et était volontaire dans les équipes d'urgence de la Croix-Rouge française. Il intervenait dans la ville bombardée pour secourir les civils. Élu pour la première fois maire de Caen en 1970, il n'aura de cesse de penser à la construction d'un musée pour la Paix à Caen. Cette ambition se concrétisera dans les années 1980.

L'appel à projets est lancé en 1984 pour un début de chantier en 1986 et une ouverture prévue en 1988. Jacques Millet n'a que 34 ans quand il se lance dans cette aventure intellectuelle, technique et historique. Il est un architecte respecté, son parcours se distingue par ses deux années passées à la Villa Médicis. De 1975 à 1977, Jacques Millet est pensionnaire de l'Académie de France de Rome. Sept ans plus tard, il se lance dans l'appel à projets pour le musée souhaité par Jean-Marie Giraud. Il planche avec ses équipes et son père Louis Millet, dessinateur de plans d'architecture et civil caennais pendant les événements de 1944.

Durant son enfance, Jacques Millet entend les récits de ses parents, de ses oncles et tantes, des amis de la famille qui ont vécu les bombardements, la bataille de Normandie. Fasciné par la pierre de Caen, matériau reconnaissable à sa splendide clarté et idéal pour la sculpture et l'architecture, Jacques Millet voit en elle le symbole de ces tragiques événements de l'été 44. Il imagine alors le futur Mémorial comme une immense pierre de Caen, emblème des monuments et bâtiments de la ville détruits par les bombes. La pierre de Caen est à la fois le passé ancestral d'une cité et l'avenir d'une ville moderne qui a su renaître de ses cendres et de ses ruines.

Dans sa proposition pour le Mémorial de Caen, Jacques Millet veut aussi pousser la métaphore au plus profond. L'entrée du musée destinée à accueillir des milliers de visiteurs sera comme une fracture dans cette pierre de Caen monolithe. La pierre de Caen est alors brisée comme le furent les pierres des centaines de maisons détruites de la ville et les âmes meurtries de ses habitants. Cette ouverture dans la façade du Mémorial représente aussi la Brèche, la fameuse ouverture du front en faveur des Alliés qui apportera la Liberté aux Normands, au Français et aux Européens.

Une fois les plans dessinés à la main jour et nuit dans son cabinet d'architecte, Jacques Millet décide de parachever son œuvre par une phrase propice à la réflexion et à la transmission de valeurs universelles. Mais alors, qui pour écrire ces mots ? Un grand écrivain ? Quoi énoncer dans cette phrase ? Reprendre une célèbre maxime ? Non. Jacques Millet décide de se tourner vers un ami intime de son père et de sa famille, Paul Dorey. Cet homme cultivé et humain écrit des poèmes sensibles, philosophiques et oniriques. Il a connu lui aussi la Seconde Guerre mondiale et la Libération. Il est déjà tard quand Jacques Millet appelle Paul Dorey parti en vacances en Bourgogne. Monsieur Dorey dîne avec des amis quand le téléphone sonne. Il prend le combiné et reconnaît la voix de Jacques Millet : « Bonjour Paul, je viens de dessiner le projet pour le Mémorial, pourrais-tu me rédiger une phrase pour demain matin ? » Durant la nuit, Paul Dorey s'exécute et invente ces mots forts devenus célèbres dans le monde entier :

«La douleur m'a brisée, la fraternité m'a relevée, de ma blessure a jailli un fleuve de Liberté.» Il n'a jamais souhaité signer cette maxime. Paul Dorey, très modeste, disait toujours à son entourage : «Je ne suis pas Paul Valéry.» L'identité de son auteur est restée longtemps un mystère. Son épouse et Jacques Millet révéleront 34 ans plus tard le nom de celui qui a écrit en une nuit ces quelques mots à la teneur saisissante.

Le projet de Jacques Millet est finalement retenu. Jacques Chirac, alors Premier ministre, pose la première pierre. Après deux années de chantier intense, le Mémorial de Caen est inauguré le 6 juin 1988 par le président de la République François Mitterrand. Depuis, le Mémorial de Caen s'intéresse aussi aux enjeux et conflits contemporains, un espace dédié à la guerre froide a été ouvert au public en 2002.

Aujourd'hui, le Mémorial de Caen est le musée le plus visité de France hors Paris et Île-de-France avec en moyenne 400 000 visiteurs par an. La plus grande satisfaction pour son architecte Jacques Millet est de voir et rencontrer tous ces jeunes élèves et étudiants toujours plus nombreux. Les scolaires représentent un tiers des visiteurs. Dès son origine, le Mémorial de Caen a toujours eu pour mission de transmettre et faire comprendre l'histoire de la Seconde Guerre aux générations futures. Cette vocation se perpétue et même se renforce au fil des années.

Depuis 2008, des expositions temporaires d'envergure internationale et de grande qualité sont proposées au public. La première était dédiée au 11 septembre 2001. Depuis, plusieurs expositions ont marqué les esprits comme celle de 2009 intitulée «Survivre : Les enfants dans la Shoah» et en 2017 «Dessins assassins ou la corrosion antisémite en Europe».

Le directeur du Mémorial de Caen, Stéphane Grimaldi, et les membres du conseil scientifique du Mémorial proposent régulièrement des contenus inédits et un renouvellement du parcours pour toujours plus de réflexions, de connaissances et de pédagogie. Ainsi, un nouvel espace qui s'intéresse à Berlin dans la guerre froide est ouvert en 2009. Un an plus tard, une nouvelle approche du Jour J et de la bataille de Normandie est présentée au public. De nouveaux parcours, «La France des années noires», «La Seconde Guerre mondiale, la guerre totale» intègrent le Mémorial.

Depuis le printemps 2019, année du 75e anniversaire du Débarquement et de la bataille de Normandie, un nouveau bâtiment circulaire propose une expérience immersive réfléchie avec la projection d'un film consacré à l'histoire des Européens. De juin à octobre 2019, des œuvres du peintre américain Norman Rockwell sont présentées pour une exposition temporaire exceptionnelle. Certains tableaux n'ont jamais quitté les États-Unis. La célèbre série *The Four Freedoms, Les Quatre Libertés* en français, inspirée du discours de 1941 du président américain Roosevelt, fait partie des 70 œuvres prêtées. Les visiteurs pourront découvrir les tableaux : *La Liberté de parole, La Liberté de culte, La Liberté de vivre à l'abri du besoin et La Liberté de vivre à l'abri de la peur*. La Liberté, valeur gravée sur la façade du Mémorial, est ainsi une nouvelle fois honorée et célébrée.

D-Day

ENCORE UN PEU DE PATIENCE MONSIEUR LE SÉNATEUR MAIRE !
LA DOULEUR M'A BRISÉE, LA FRA
RELEVÉE
DE MA BLESSURE A JAILLI UN FLEUVE DE LIBERTÉ
ON PEUT ENTRER JACQUES ?

L'incroyable découverte sur le chantier du Mémorial des civils de Falaise

Jacques Millet est aussi l'architecte du Mémorial des civils dans la guerre de Falaise. Inauguré le 8 mai 2016, ce musée s'intéresse à l'histoire des Normands du Débarquement à la Reconstruction, à la vie de ces hommes, ces femmes et ces enfants pris au piège dans les combats de la bataille de Normandie et sous les bombes alliées. Le Mémorial de Caen assure la gestion déléguée du musée de Falaise et le contenu scientifique des expositions.

Ce Mémorial de Falaise est né de l'ambition des élus du territoire. Claude Leteurtre, maire de la ville de 1989 à 2005, qui fut aussi député, conseiller général du Calvados, président de la communauté de communes du pays de Falaise, a porté ce projet avec son successeur à la mairie Éric Macé. Jean-Marie Gasnier, alors maire de Potigny, a aussi présidé la communauté de communes du pays de Falaise et a également défendu ce dossier. La ville de Falaise s'est saisie d'une idée originale de Stéphane Grimaldi, directeur du Mémorial de Caen. Tous souhaitaient rendre hommage aux civils d'un territoire marqué par l'épisode fatidique de la poche de Chambois et à tous les civils victimes du conflit. Lors du 70e anniversaire du Débarquement, le président de la République François Hollande y fait référence dans son discours lors de la cérémonie nationale en hommage aux populations civiles sur l'esplanade du Mémorial de Caen. « Le sacrifice des populations normandes s'est longtemps effacé derrière l'héroïsme des soldats du débarquement. Aujourd'hui, ce sacrifice est pleinement reconnu par la République. C'est le sens du Mémorial des Civils dans la guerre que l'État, associé aux collectivités de Basse-Normandie, a décidé de créer à Falaise. Ce lieu de mémoire sera unique au monde. En effet, jamais encore un musée dans son ensemble n'avait choisi de traiter du sort des civils en période de conflit armé », déclare le chef de l'État le matin du 6 juin 2014.

Il n'a pas fallu édifier un nouveau bâtiment pour construire ce Mémorial des Civils dans la guerre. L'architecte a pour mission de réhabiliter et d'aménager l'ancien tribunal et d'y accoler une extension de 500 m2. Dès l'origine du projet, la muséographie devait consacrer une partie aux bombardements et à l'enfer vécu par les civils sous les bombes. Au printemps 2015, lors des fouilles préventives, les archéologues découvrent les vestiges d'une maison bombardée en août 1944 à l'emplacement même où Jacques Millet et le scénographe avaient envisagé de réaliser l'espace réservé à la thématique des bombardements. Cette mise au jour est d'autant plus stupéfiante qu'il était question d'évoquer la terreur vécue sous les bombes alliées en créant une « maison immersive ». C'est-à-dire d'évoquer les bombardements des populations civiles par un dispositif sons et images intégré dans un décor de vie quotidienne des habitants normands.

Dans leur rapport les chercheurs de l'INRAP, l'institut national des recherches archéologiques préventives, précise que l'impact d'une bombe incendiaire est encore visible. Les murs et une partie du pavage ont été désintégrés par la violence du choc. Au-delà des ruines de cette maison bombardée, des objets de décoration et des ustensiles du quotidien abandonnés par les propriétaires ont aussi été découverts lors des fouilles préalables. De la vaisselle intacte du XIXe siècle avec un décor fleuri et japonisant est référencée. Mais aussi, plusieurs de ces faïences et de la verrerie sont retrouvées fondus et agglomérés, témoignages de l'intense chaleur dégagée par la bombe.

L'ensemble des acteurs du projet décident donc d'intégrer ces ruines au Mémorial et de créer une salle immersive où le film, les effets sonores et visuels seront projetés. Un plancher de verre est installé pour permettre au visiteur d'évoluer au-dessus de ces stigmates des bombardements de l'été 44. L'idée de ce dispositif est de permettre au public « de s'identifier et de se projeter dans cette terrible période » selon les termes de la brochure officielle du musée. Aujourd'hui, la rigueur scientifique, la réflexion historique et muséographique du Mémorial des civils dans la guerre de Falaise et du Mémorial de Caen sont considérées comme des références.

D-Day

D-Day Show

Pour attirer les visiteurs et donc accroître leur chiffre d'affaires, les professionnels du tourisme foisonnent d'idées. Certains directeurs de musées ou scénographes, des restaurateurs, hôteliers, producteurs de produits normands, des artisans de métiers de bouche. Beaucoup de personnes qui ont implanté leurs petites ou grandes affaires dans les pas des Libérateurs s'en frottent les mains. Désormais, chaque année, autour de 5 millions de personnes se rendent sur les plages du Débarquement, les sites ou musées qui se rattachent à cette page de l'histoire. Entre 1995 et 2014, la fréquentation a doublé. Entre 2010 et 2015, le nombre de nuits passées dans les hôtels normands par les touristes étrangers venus visiter les plages a augmenté de près de 40 %. La croissance est considérable.

Un village normand vit quotidiennement à l'heure du Jour J et de la bataille de Normandie : Sainte-Mère-Église. Entre 600 000 et un million de touristes se pressent chaque année dans cette commune d'un peu plus de 1 600 habitants célèbre dans le monde entier pour son parachutiste en plastique accroché au clocher de l'église. Faut-il encore le préciser, il représente le para américain John Steele resté suspendu pendant trois heures dans la nuit du Jour J. Les historiens ne cessent de rétablir la vérité historique depuis plusieurs décennies car le mannequin n'est pas fixé au bon endroit. Mais qu'importe, ce n'est pas la réalité historique qui compte mais l'attrape-touriste. John Steele avait atterri de l'autre côté de l'église et n'avait la vue que sur une petite rue adjacente et non sur les combats se déroulant sur la place centrale comme le prétend le film *Le Jour le plus long*. Mais pour le business, le mythe doit perdurer et la mascotte de toute une économie doit rester accrochée sur ce lieu fantasmé. À Sainte-Mère-Église, les touristes peuvent dormir à l'auberge le John Steele, se restaurer au C-47 Café ou au bar La Libération. Un boulanger a créé une affaire en 2010 qui rencontre un joli succès : la fabrication de financiers et de sablés en forme de parachute. Les sablés sont même estampillés «Ste-Mère-Église». L'affaire tourne bien, de quatre employés, l'équipe est passée à vingt-trois personnes pour fabriquer ou vendre ces biscuits. La production s'élève désormais à 60 tonnes de biscuits par an et un restaurant a ouvert ses portes. Les souvenirs représentent une manne financière très importante. En plus de ces gourmandises, des bouteilles de Calvados, de cidres, de bières, des boîtes de camemberts, des sachets de caramels ont des étiquettes et des emballages aux couleurs du Jour J. C'est sans compter les vêtements, les livres, les jouets. À l'Airborne Museum de Sainte-Mère-Église, la boutique représente un tiers du chiffre d'affaires. L'objet symbolique et le *best-seller* des ventes est une reproduction du cricket qui permettait aux parachutistes américains de se repérer entre eux. Il est vendu 3 euros à la boutique de souvenirs du musée Airborne. Au Dead Man's Corner Museum de Saint-Côme-du-Mont, le propriétaire a eu une idée de génie : ouvrir un magasin d'antiquités militaires dans son musée, un cricket original a été vendu 4 950 euros. Dans ce même endroit, la gravure personnalisée de répliques de petite plaque de soldat américain est un souvenir plus abordable et très prisé. Une machine originale grave sur des petites plaques vierges à l'aspect et à la forme comparables à celles de 1944, ce que désire le visiteur, comme sa date et son lieu de naissance, ou même un surnom.

Au-delà des souvenirs, les musées et sites rivalisent aussi d'imagination pour répondre aux attentes des visiteurs et augmenter leur fréquentation. Au cinéma circulaire Arromanches 360, le film mêlant images d'archives, images actuelles et cartes animées est appelé en introduction « spectacle ». Ce terme peut paraître étrange voire inapproprié mais il n'enlève rien à la qualité des documents projetés et au remarquable travail des réalisateurs.

Il ne suffit plus de tenter de comprendre le Jour J, il faut le vivre comme si vous y étiez. C'est d'ailleurs souvent l'argument employé par certains musées dans leur promotion affichée sur leur site internet. Il est question de vivre une « expérience incroyable », d'un instant de « divertissement » et d'« attraction ». Il faut de l'émotion et du sensationnel, en appeler au sensoriel pour tenter de se mettre dans la peau d'un combattant ou d'un habitant. C'est l'expérience dite « immersive », une approche novatrice et intéressante mais qui s'accompagne parfois de maladresses, de décalages, de fantaisies grotesques. Et ces questions : est-il bien sérieux, et même intellectuellement recevable d'attirer les visiteurs en prétendant leur faire vivre une des plus grandes offensives de l'histoire militaire du XXe siècle dans laquelle plusieurs milliers de personnes sont mortes ? Comment vivre la guerre et ressentir le risque inhérent de mourir, de se faire tuer ou de tuer dans une machine de fête foraine ou dans un décor de théâtre ?

Au Dead Man's Corner Museum de Saint-Côme-du-Mont, le directeur a ouvert un nouvel espace intitulé « D-Day Experience ». Le visiteur doit se mettre dans la peau d'un parachutiste américain du Jour J. En introduction, dans une sorte de salle de cinéma censée reconstituer une salle de briefing des paras américains, il écoute d'abord l'ordre de mission. L'hologramme d'un comédien incarnant le colonel Robert Lee Wolverton de la 101e division aéroportée américaine, mort le 6 juin 1944 à Saint-Côme-du-Mont, donne l'ordre de mission. Ensuite le visiteur embarque dans un C-47 d'origine, construit en 1943. Cet avion a aussi été utilisé par Steven Spielberg pour le tournage de la série « Band of Brothers ». Ce C-47, monté sur vérin, est transformé en simulateur. À l'intérieur, les écrans ont remplacé les hublots. Sur des films virtuels, des nuages défilent, ou d'autres avions volent en escadrille avant de subir les tirs de la DCA allemande. Des effets sonores et lumineux, des vibrations, des montées et des descentes sur vérins accompagnent le tout. À l'intérieur, les touristes sont en short et en tee-shirt ou en anorak selon la saison, loin des combinaisons et des dizaines de kilos de matériels portés par ces braves parachutistes. Le tout se termine en simulation de crash, en éclats de rire pour certains visiteurs quand d'autres sont plutôt indifférents ou perplexes. Plusieurs spectateurs semblent tout de même ressentir une certaine émotion en repensant aux soldats américains morts cette nuit-là. Cette nouveauté ouverte en 2015 a permis au musée de multiplier par cinq sa fréquentation. La barre des 120 000 visiteurs par an est franchie depuis 2018. Et ce n'est pas terminé, une salle Imax 3D sera inaugurée en juin 2019. Pour de nouvelles sensations, les visiteurs pourront découvrir un documentaire sur le Débarquement en chaussant leurs lunettes 3D. À 10 kilomètres, au musée Airborne de Sainte-Mère-Église, un nouvel espace appelé «Opération Neptune» avait ouvert ses portes dès juin 2014, année du 70e anniversaire du Débarquement. Le visiteur passe à travers un C-47 et déambule dans un espace censé le «plonger», selon les termes du musée, au cœur de la bataille de Sainte-Mère-Église et des combats au milieu des marais et des haies. L'Airborne Museum promet «sensations et émotions». Il est même possible d'organiser dans ce bâtiment une réception privée, un cocktail, un dîner, avec au-dessus de sa tête un avion américain de reconnaissance. La direction garantit «une soirée chaleureuse pleine de caractère». Dans ce type de musée, la guerre est devenue agréable, conviviale, divertissante et surtout rentable. Grâce au nouveau lieu «Opération Neptune», le musée Airborne a franchi la barre des 200 000 visiteurs par an.

Désormais, tous les acteurs économiques du tourisme de mémoire en Normandie s'accordent sur un point et attendent avec impatience le classement des plages du Débarquement au patrimoine mondial de l'humanité à l'Unesco. Cette reconnaissance permettrait une hausse de 30 % de la fréquentation des musées racontant l'histoire du D-Day et des sites du Jour J et de la bataille de Normandie.

KOH LANTA NORMANDY
ET VOICI L'ÉPREUVE DES ASPERGES DE ROMMEL !

DEHORS LES BOCHES !

C'EST REPARTI COMME EN 44 !
OUIiiiii !
YESSSSS !

Les vestiges du Débarquement et de la bataille de Normandie

Si le succès des musées ne se dément pas, les visiteurs des plages du Débarquement et des sites de la bataille de Normandie sont de plus en plus attirés par les vestiges du Jour J. Dans le paysage normand, il existe encore quelques traces visibles de ces affrontements et les touristes sont de plus en plus intéressés par les découvrir pour être confrontés au lieu et à l'histoire. À l'inverse de certains musées enclins au sensationnel et à la reconstitution artificielle, les lieux et les vestiges sont là, ils sont les traces du passé et témoignent du fait historique. Au visiteur ensuite d'être accompagné d'un guide conférencier, d'un livre ou de lire attentivement les panneaux pour apprendre ce qui s'est passé le 6 juin 1944 et durant la bataille de Normandie.

Force est de reconnaître que les vestiges les plus nombreux sont ceux construits à partir de 1942 par l'occupant allemand. Plusieurs batteries de défense du Mur de l'Atlantique sont bien conservées. Entre Arromanches et Port-en-Bessin, à Longues-sur-mer, il existe toujours le poste de commandement de tir et quatre casemates avec leurs imposants canons de 150 mm. C'est unique en France car ailleurs ces armes ont été démantelées et envoyées à la ferraille. Ces pièces d'artillerie allemandes représentent un réel attrait pour de nombreux visiteurs passionnés d'histoire militaire et c'est l'argument majeur utilisé par les guides pour emmener les touristes sur cet endroit.

Le site extérieur numéro 1 est certainement la pointe du Hoc, en secteur américain, entre Utah Beach à l'Ouest, et Omaha Beach à l'Est. Entre 500 000 et 600 000 visiteurs s'y rendent chaque année. Le syndicat d'initiative de Grandcamp, commune sur laquelle avait été implantée cette batterie allemande, avait compris dès 1945 l'importance de préserver ce site en l'état où il était en juin 1944. Les cratères formés par les bombes et les obus alliés sont toujours visibles. Une indemnité avait été versée aux agriculteurs exploitant ces terres avant l'Occupation. Il avait été demandé de ne surtout pas reboucher ces fameux cratères et de ne pas démolir les ouvrages allemands. Un dépliant est édité dès 1950 pour inciter les visiteurs à se rendre dans ce lieu emblématique du Débarquement et cinq ans plus tard, il est classé par les Monuments historiques. Face au nombre croissant de visiteurs, un Comité de la pointe du Hoc est créé par des acteurs locaux pour assurer l'entretien. En 1962, Daryl Zanuck, le réalisateur du *Jour le plus long,* vient y tourner les séquences de la prise de la batterie par les rangers américains. Cette partie du long-métrage, présentant aux spectateurs la mission périlleuse dans son décor original, s'inscrit alors dans la mémoire collective. L'impact est impressionnant, les visiteurs affluent en masse. Depuis 1979, le gouvernement américain est souvent consulté sur l'entretien et les aménagements de la pointe du Hoc. Le site naturel est géré par le conservatoire du littorial. La venue du président Ronald Reagan en 1984 vient asseoir definitivement la notoriété de la pointe du Hoc. Le 5 juin 2014, un centre de visiteurs construit par les autorités américaines a été inauguré. L'attrait de ce site est toujours considérable. En plus des cratères et des bunkers et casemates toujours présents dans le paysage, le visiteur est saisi par ce site surplombant la mer placé au sommet d'une falaise de 30 mètres. La difficulté de la mission des soldats américains saute aux yeux, il est aussi possible d'imaginer le sentiment d'angoisse des Allemands face à cette mer et cette ligne d'horizon recouvertes de bateaux.

Une autre batterie de défense allemande est de plus en plus visitée, c'est celle de Merville-Franceville, commune la plus à l'Est des sites du Débarquement de Normandie. Cette batterie a été transformée en musée, les bunkers très bien conservés ont été aménagés. Le visiteur peut même pénétrer dans la soute à munitions. Le bunker numéro 2 abrite un Mémorial dédié au 9e Bataillon des parachutistes britanniques qui avaient reçu pour mission de prendre cette batterie allemande dans la nuit du 5 au 6 juin 1944. C'est un des rares sites à la fois payant et entouré de barrières pour empêcher un libre accès. Les commémorations du Jour J et de la bataille de Normandie s'y sont déroulées le 6 juin 2018 dans le cadre du 74e anniversaire. L'augmentation de la fréquentation de ce site est impressionnante ; dans les années 2000, la Batterie de Merville-Franceville accueillait 10 000 personnes par an. Depuis ces 5 dernières années, la moyenne s'élève à 75 000 par an.

Enfin, hors des sentiers battus, des passionnés ont constitué des associations pour sortir de l'oubli certaines de ces infrastructures côtières allemandes enfouies sous la terre, la végétation ou même les détritus. Les batteries du mont Canisy, d'Azeville, de Crisbecq-Saint Marcouf, de Maisy-La Perruque sont sorties de l'oubli. Le plus remarquable est sans doute celui de la position Hillman, ancien poste de commandement allemand, non loin de Ouistreham et proche du bourg de Colleville-Montgomery. S'il est possible de se promener librement entre les vestiges de cette défense allemande, pour entrer dans le bunker où était situé le poste de commandement du colonel Krug, il faut contacter l'association des Amis du Suffolk Regiment.

Si certaines parties du Mur de l'Atlantique ont été conservées, abandonnées ou ensevelies naturellement avant de réapparaître, d'autres ont été détruites volontairement. Au lendemain de la Libération, la municipalité de Ouistreham demande la démolition des blockhaus au ministère de la Reconstruction au nom de la vocation balnéaire de la ville. Ces blocs de bétons nuisent à l'esthétisme du littoral et des promenades. À Ver-sur-Mer, non loin d'Arromanches, le maire souhaite la disparition de « ces verrues qui bouchent la vue » et qui « évoquent le souvenir d'une époque que nous souhaitons tous oublier rapidement ».

Les vestiges allemands sont finalement les plus nombreux, deux endroits liés à l'histoire des soldats britanniques sont aussi très prisés des touristes. Tout d'abord, le port artificiel d'Arromanches dans le Calvados. Les caissons de béton qui dessinaient la rade sont toujours visibles au loin sur la mer ou, pour certains, proches du rivage. À marée basse, nombreux sont ceux qui viennent se photographier devant leur imposante silhouette. Un selfie avec un de ces caissons échoués est même devenu tendance.

L'autre emblème britannique du Jour J est bien sûr le pont de Bénouville, le célèbre Pegasus Bridge remplacé en 1993 par un autre pont à l'aspect semblable mais plus grand pour permettre le passage des cargos. Mais un comité de défense s'était constitué pour sauver l'original et le Pegasus Bridge, le vrai, a été conservé et remonté sur la terre ferme. Il repose désormais sur la pelouse du Mémorial Pegasus de Ranville qui rend hommage aux parachutistes de la 6e Airborne. Le prince Charles était venu inaugurer ce musée en juin 2000.

Enfin, les derniers stigmates dans le paysage normand évoquant le Débarquement et la bataille de Normandie sont bien sûr les visages de certaines villes, témoignages des bombardements alliés qui se sont abattus sur la Normandie. Après une ruelle en pierre de taille ou en colombage, soudain le promeneur se retrouve à déambuler sur une immense artère avec des immeubles en brique, en béton, en pierre ou en moellon avec cette impression d'être confronté à des façades austères et uniformes. Pourtant, chaque bâtiment est venu remplacer le désastre, les gravats, la poussière, le néant ou la mort pour abriter de nouveau la vie. Si l'esthétisme de la Reconstruction fait encore débat aujourd'hui, cette reconstruction est à la fois le symbole de ces ruines relevées et de l'avenir à construire au lendemain de la Seconde Guerre mondiale. La ville du Havre reconstruite par l'architecte Auguste Perret est inscrite depuis 2005 au Patrimoine mondial de l'Unesco. Quinze ans plus tard, les plages du Débarquement pourraient rejoindre la liste prestigieuse des lieux classés patrimoine mondial de l'humanité au mois de juillet 2019.

Un vaste programme de recherche

Un programme collectif de recherche a été lancé en 2015 pour inventorier tous les éléments de la Seconde Guerre mondiale en Normandie conservés, disparus ou enfouis. Seuls les départements du Calvados, de la Manche et de l'Orne sont concernés par ce plan mené conjointement par la DRAC, direction des affaires culturelles, la MRSH, maison en recherche des sciences sociales de l'Université de Caen-Normandie et l'INRAP, l'institut national des recherches en archéologie préventives. Les conseils départementaux du Calvados et de la Manche et la Région Normandie sont partenaires. Près de 400 sites ont déjà été repérés et 3 300 traces de la Seconde Guerre mondiale identifiées.

Ce dispositif a pour mission de référencer les vestiges de l'occupation allemande et des libérateurs alliés du 6 juin 1944 et de la bataille de Normandie. Les éléments matériels des aménagements réalisés par les deux camps comme les traces laissées par les populations civiles intéressent les chercheurs.

Voici quelques traces matérielles surprenantes du dernier conflit mondial repérées à travers la Normandie et inventoriées : à Tourlaville, dans le Nord-Cotentin, quelques signatures de soldats américains gravées sur des arbres, un site de brouillage de transmissions dans la Manche sur le mont-Étolan à Saint-Pierre-Église-Clitourps, une tour de guet dans un arbre à Tailleville dans le Calvados. Plusieurs sites de dépôts logistiques ont aussi été repérés dans la forêt d'Écouves, forêt domaniale située dans l'Orne. Certains blockhaus allemands sont aussi restés intacts chez des particuliers à l'abri des regards comme dans une maison de cette ville de Cherbourg. Des galeries entières du Mur de l'Atlantique traversent des champs privés.

Cette grande étude n'a pour l'heure aucune date limite. Elle a quelque chose de fascinant dans son étendue et sa géographie. Elle démontre que dans le moindre recoin de Normandie, au bord de la mer comme au fond d'une forêt située à plusieurs centaines de kilomètres dans les terres, la guerre était partout. Elle permet par cette omniprésence du conflit dans le paysage du XXIe siècle de révéler l'ampleur de la Seconde Guerre mondiale, du Jour J et de la bataille de Normandie. Elle nous invite aussi à saisir combien les civils normands étaient exposés à de nombreux risques dans ce conflit et à appréhender la position centrale et vulnérable des Normands dans l'une des dernières phases de la Seconde Guerre mondiale.

La mer, gardienne des trésors du Jour J

Les plus insolites et les plus extraordinaires vestiges du Débarquement proviennent encore aujourd'hui de la mer. 75 ans après le Jour J, la marée ramène sur les plages de Normandie des objets de toutes sortes. Grâce aux promenades sur le sable et aux recherches d'un jeune homme de 30 ans, passionné d'histoire de la Seconde Guerre mondiale, des trésors du D-Day sont mis au jour.

Ironie de l'histoire, ce collectionneur et dénicheur hors pair, Paul Cherrier, est né un 5 juin, veille du Débarquement, mais 45 ans après. Après un Master 1 d'histoire à l'université de Caen, tout en étant aujourd'hui traducteur d'ouvrages de la Seconde Guerre mondiale de l'allemand vers le français pour une maison d'édition, il continue d'arpenter les plages du Débarquement à la recherche de pièces exceptionnelles de l'armée et des soldats alliés.

Il a commencé à ramasser ces vestiges à l'âge de 6 ans avec son grand-père, vétéran de la Seconde Guerre mondiale, et son père, passionné par cette période. Depuis, il n'a jamais cessé de partir à la recherche d'objets du Débarquement. Son secteur favori se situe entre Luc-sur-Mer et Arromanches. Son mode opératoire est simple : il marche pendant plusieurs heures, de préférence en automne et en hiver et surtout après des tempêtes, moment idéal où les trésors se révèlent. Paul Cherrier n'utilise jamais de détecteurs de métaux ou d'outils sophistiqués mais il a l'œil affûté. Quand vous l'accompagnez dans ses escapades, il a le regard rivé sur le sable. Un pas, puis deux, puis trois, il s'avance et soudain il se penche. Il a entrevu l'extrémité d'une arme ou d'une munition alliée dont la partie supérieure dépasse légèrement du sable fraîchement mouillé par la marée descendante. Il plonge alors sa main dans ce mélange de vase et de sable humide. Et, tel un chasseur, il tire d'un geste précis et rapide, une grenade de 1944. Il rince immédiatement cette pièce dans une flaque d'eau de mer, puis vous la montre avec une pointe de fierté et surtout la satisfaction d'avoir sauvé de l'oubli une pièce qui témoigne de la grande histoire.

En vingt ans, Paul Cherrier a exhumé plus de 3 000 objets du D-Day de la vase, du sable ou de la tourbe des plages et des rivages de Normandie. De nombreux éclats d'obus, des éléments de fusils-mitrailleurs anglais, des équipements de soldats, des bouées de débarquement ont été collectés. Il a même récupéré la semelle d'une chaussure d'un soldat anglais. La plupart de ces objets sont conservés précieusement dans un lieu tenu secret et sont rangés dans des cartons ou des caisses. Tous sont classés par secteur géographique et période de fouilles. Quand Paul Cherrier accepte de présenter ses objets, il est toujours impressionné par un casque anglais trouvé sur Gold Beach. Particulièrement bien préservé, ce casque porte les stigmates des combats du Jour J. Il est transpercé et les impacts des éclats d'obus sont visibles. Le jeune collectionneur est particulièrement sensible aux objets de la vie quotidienne ayant appartenu aux soldats alliés du Débarquement comme une brosse à dents, un peigne, un rasoir, une fourchette, une flasque. Pour Paul Cherrier, ces traces matérielles permettent d'entrer dans l'intimité du combattant, de raconter une histoire humaine.

Depuis les années 2010, le jeune historien vend, donne ou prête certains de ses objets à des musées normands comme au musée Radar de Douvres ou au musée Mémorial Bataille de Normandie à Bayeux. Le Centre Juno Beach, musée emblématique consacré à l'histoire et à la mémoire des Canadiens engagés durant la Seconde Guerre mondiale, a toujours dans ses vitrines des rustines et des boîtes de pommade anti-brûlures. Toutes ces pièces de collection ont été extraordinairement préservées car elles étaient enfouies dans le sable ou la tourbe avant d'émerger des fonds de la mer Manche grâce au perpétuel mouvement et à la puissance et des flots. Paul Cherrier poursuit toujours sa quête de rapporter des reliques du plus grand Débarquement de l'histoire. Et même si parfois sa promenade ne s'avère pas aussi fructueuse qu'espéré, qu'importe, il vient avant tout chercher l'âme des lieux. Selon lui, plusieurs décennies après, « l'émotion est toujours palpable. Et même à la découverte d'un simple bout d'obus rouillé ou des objets au premier abord anodins, on se dit qu'il y a 75 ans, ils étaient dans la tourmente du D-Day ».

Le débarquement en Corse, en Irlande et sur l'île de Ré Le Jour J au cinéma

Le courage et la bravoure de jeunes soldats pour libérer l'Europe. Des vies sacrifiées dans cette noble mission. La plus grande Armada de tous les temps. Une offensive par le ciel, la mer et la terre. Des falaises à escalader sous le feu de l'ennemi. Des intrigues au plus haut sommet des armées. Autant d'affirmations aussi sensationnelles que spectaculaires dignes de scénarios hollywoodiens. Le Débarquement et la bataille de Normandie sont des épisodes de l'histoire du monde qui n'ont eu de cesse d'inspirer les plus grands réalisateurs et de fasciner le public, au détriment parfois de la réalité des faits historiques.

Le film le plus ancien et qui n'a cessé de réaliser des audiences records lorsqu'il est diffusé à la télévision est *Le Jour le plus long, The Longest day* de Darryl Francis Zanuck sorti dans les salles en 1962. Les plus grands acteurs de l'époque sont à l'affiche : Robert Mitchum, John Wayne, Sean Connery, Richard Burton, Bourvil,

Arletty. En revanche, deux actrices françaises, très en vue à l'époque, déclinent la proposition d'incarner de jeunes résistantes, il s'agit de Brigitte Bardot et Marina Vlady. Elles avaient jugé leur apparition pour ce rôle trop courte. Face à l'ampleur du succès du film, nul ne sait si elles regrettent leur décision. Ce long-métrage s'inspire du livre du même nom de Cornelius Ryan. Cet Irlando-Américain avait été correspondant de guerre à partir de 1943 pour *The Daily Telegraph* au sein de l'aviation américaine puis de la 3e Armée du général Patton. À l'origine, le projet de ce film était porté par un producteur français Raoul Levy. Pourtant détenteur des droits de l'ouvrage de Cornelius Ryan, il ne parvient pas à réaliser ses ambitions et décide donc de revendre les droits à Darryl F. Zanuck. Le réalisateur américain n'est pas le seul dans cette aventure cinématographique. Il a constitué une équipe prestigieuse et d'une grande efficacité. Les scènes américaines sont réalisées par Andrew Marton, Ken Annakin est en charge des séquences britanniques et Bernhard Wicki de la partie allemande. Elmo Williams, qui avait reçu quelques années plus tôt l'oscar du meilleur montage pour *Le Train sifflera trois fois*, orchestre les batailles. Le film est une superproduction, le budget est compris entre 8 et 10 millions de dollars, le tournage s'est étendu sur dix mois et s'est déroulé dans 31 lieux.

De nombreuses communes et de nombreux endroits emblématiques de Normandie ont servi du décor mais

Darryl F. Zanuck privilégiait l'intérêt esthétique de son film à l'Histoire. Par exemple, l'assaut du casino de Ouistreham opéré par les troupes du Commando Kieffer est tourné à Port-en-Bessin. Alors que le casino de la cité balnéaire est détruit bien avant le Jour J par les Allemands, le réalisateur américain préfère reconstituer un immeuble à Port-en-Bessin. En revanche, il choisit bien Sainte-Mère-Église pour les parachutages, Pegasus Bridge à Bénouville pour la prise du pont par les hommes du major Howard, les batteries de Longues-sur-Mer pour les répliques de l'ennemi. La question de l'atterrissage des parachutistes a posé un réel problème lors du tournage. Pour les faire arriver à l'endroit exact pour assurer un plan réussi, les équipes de la production ont dû avoir recours à des grues auxquelles les acteurs étaient suspendus avec leur parachute. De nombreux Normands se sont retrouvés figurants et certaines séquences se tournaient sous le regard d'une foule de spectateurs. Un décor d'une scène restée dans les mémoires est toujours visible mais à l'abri des regards. C'est cette petite maison située en front de mer. Dans le film, un habitant ouvre en grand ses volets, brandit par la fenêtre son drapeau tricolore pour célébrer l'arrivée des libérateurs, avant d'être canardé par l'armada alliée. Puis dans le champ, un Allemand repart tout penaud sur son âne avec ses bidons de lait de chaque côté. Cette demeure est toujours debout et se situe à Saint-Honorine-des-Pertes dans le Calvados presque tout au bout de la rue de la mer.

En revanche, la reconstitution du débarquement des soldats américains sur Omaha Beach n'a pas été tourné en Normandie mais en Corse ou sur les plages de Rivedoux et Saint-Clément sur l'île de Ré. Des kilomètres de faux barbelés avaient été déroulés, des blockhaus en carton-pâte installés et des silhouettes de maisons normandes érigées en retrait de la plage sur la conche des Baleines à Saint-Clément, là où Henri Fonda et John Wayne débarquèrent. Selon le témoignage d'anciens figurants, à l'autre bout de l'île, ils étaient 1 500 adolescents à courir sur la plage de Rivedoux avec des casques français et des fusils en contreplaqué. La scène a été tournée plusieurs fois. Toute une promotion de l'école d'enseignement technique de l'armée de l'air à Saintes avait été réquisitionnée. Sur l'Île de Beauté, 18 caméras avaient pris possession de la plage de Saleccia en juin 1961. Darryl F. Zanuck avait choisi la Corse pour son caractère sauvage car il trouvait que le littoral normand était trop construit, même 17 ans après le D-Day. Pour le tournage, 70 bateaux manœuvrent en Méditerranée, la 6e flotte américaine est présente et le bâtiment français *Argens* font partie de l'Armada hollywoodienne. Sur la plage, des obstacles sont disposés, des barges de débarquement avancent vers le sable corse. Le réalisateur américain est impressionné par la beauté de ce lieu et compare Saleccia, élue 5e plus belle plage de France en 2019, à la Californie. De quoi en perdre le nord, ou du moins sa géographie : les équipes de tournage sont en Corse pour réaliser une scène qui se passe en

Normandie dans un décor qui rappelle la Californie... Le seul problème pour Darryl F. Zanuck, les couleurs et les lumières du paysage corse ne sont pas du tout raccord avec la Normandie. La mer émeraude, le sable blanc et le ciel bleu vif sont vraiment opposés aux teintes normandes et aux conditions réelles du Débarquement. Alors que Zanuck avait choisi à l'origine la couleur, il décide de faire son film en noir et blanc. *Le Jour le plus long* est un immense succès, il comptabilise 11 906 000 entrées en France. En 1963, le film est récompensé par deux oscars pour la meilleure photographie et pour les effets spéciaux.

Omaha Beach se retrouve aussi transposée par et pour Hollywood en Irlande, et cette fois-ci pour le long-métrage légendaire de Steven Spielberg : *Il faut sauver le soldat Ryan*. Ce film a pour titre original : *Saving private Ryan,* et sort dans les salles en 1998. Il raconte l'histoire du capitaine Miller, incarné par Tom Hanks, qui conduit une escouade avec pour mission de ramener en vie le soldat James Ryan, joué par Matt Damon, dont les trois frères ont été tués au combat. Steven Spielberg n'avait pas reçu l'autorisation de tourner sur le site originel d'Omaha Beach, alors il décide d'installer son plateau à Ballinesker Beach, Curracloe Stand, dans le comté de Wexford. La scène d'ouverture est celle du Débarquement. Cette séquence est devenue mythique dans l'histoire du cinéma, le magazine anglais *Empire* l'a élue comme « meilleure scène de bataille de l'histoire du cinéma ». Elle dure douze minutes et a exigé quatre semaines de tournage, un budget de 12 millions de dollars et la présence de 1 000 figurants, pour la majorité des réservistes de l'armée irlandaise. Pour être le plus réaliste possible, Steven Spielberg a utilisé des caméras portées pour être en immersion dans la bataille, des mécanismes ont été inventés pour entraîner des secousses brutales lors des explosions. Très inspiré par les photographies de Robert Capa prise le 6 juin 1944, le réalisateur américain choisit volontairement de décadrer certaines images, des plans flous viennent renforcer cette immersion dans les combats du Jour J. L'objectif de la caméra est parfois immergé dans l'eau ou à ras de sa surface et du sol. Au-delà de l'image, Steven Spielberg a insisté pour travailler le son de cette séquence. Il demande au responsable des bruitages, Gary Rydstrom, de ne pas avoir recours aux sons déjà enregistrés présents dans la base de données. Pour encore plus de réalisme, Gary Rydstrom effectue des recherches sur les armes de l'époque et questionne les vétérans. Pour reproduire le son des impacts de balles sur le corps, il enregistre des tirs sur des carcasses d'animaux. Pour incarner des soldats grièvement blessés ou morts lors des opérations du D-Day, une trentaine d'hommes infirmes ou victimes d'amputations ont été engagés sur le tournage.

Salué par la critique, par certains historiens et vétérans, ce film est devenu une référence et a reçu en 1999 cinq oscars, dont celui de meilleur réalisateur pour Steven Spielberg, mais aussi de la meilleure photographie, du meilleur montage, du meilleur son et du meilleur montage sonore.

ÇA FERA plus COULEUR LOCALE !
LE JOUR LE plus LONG
CORSE

Conclusion
Pour le classement des sites du Débarquement à l'Unesco

La candidature des plages du Débarquement au patrimoine mondial de l'Unesco doit être examinée au plus tôt en juillet 2019. Le ministère de la Culture a officialisé cette demande en janvier 2018 en rappelant que ce bien culturel « garde les traces et porte la mémoire d'un combat pour la liberté et la paix ».

Le nazisme, son totalitarisme et son antisémitisme ont été vaincus à l'ouest de l'Europe depuis les plages de Normandie. À l'origine de la guerre la plus meurtrière de l'histoire de l'humanité, d'une idéologie funeste et destructrice, d'une répression sanglante, de violentes persécutions et du génocide des Juifs, le nazisme a été mis à terre au printemps 45, un an après le débarquement de Normandie. Et pourtant, certains citoyens du monde se revendiquent nostalgiques du IIIe Reich. Dans une Europe et dans un monde en proie aux tentations extrémistes, où certains dirigeants remettent en cause les fondements des démocraties libérales, le classement des plages du Débarquement à l'Unesco trouverait tout son sens. Ces sites du Débarquement sont à la fois les messagers et les gardiens d'une histoire et d'une mémoire universelles. Celles de l'Humanité triomphante face à la division, l'extermination, la haine entre les peuples proposées et appliquées un temps par les nazis.

Quand nous marchons sur les plages du débarquement, où trouver les traces de ce D-Day ? La nature et les dunes nous font oublier la guerre, les amoureux, les familles, les amis se promènent sereinement et célèbrent la vie et la liberté sans s'en apercevoir.

La Paix est là dans les sourires, les baisers, les jeux et les rires.

La Paix est là dans les couchers de soleil, le vent, les couleurs admirées des ciels normands, le va-et-vient perpétuel de la mer.

La Paix est là comme si elle était éternelle et acquise.

Les vétérans rencontrés lors des commémorations ont toujours affirmé se réjouir de ce retour à la vie. Ces demeures reconstruites sur le front de mer, ces paysages paisibles et ces hommes, ces femmes et ces enfants qui jouissent de l'existence librement.

Mais où sont les âmes de ces milliers de jeunes soldats qui ont perdu la vie pour permettre de nouveaux jours heureux ? Où sont les âmes de ces civils tués au cœur des affrontements ? Au-delà des religions et des croyances de chacun, sont-elles dans chaque grain de sable ? Dans le reflet si changeant des vagues ? Au loin, sur la ligne d'horizon ? La reconnaissance des plages du Débarquement au patrimoine mondial de l'Unesco serait synonyme de reconnaissance pour tous ces êtres humains morts pour cet idéal de Paix, de Liberté et de Fraternité.

Ce classement à l'Unesco serait aussi une belle promesse d'avenir et permettrait d'assurer la transmission de ces valeurs inscrites dans le paysage des plages du Débarquement aux générations futures.

Bibliographie

Baruch, Marc-Olivier, « Discours politiques et commémorations officielles : les présidents français et alliés dans les cérémonies commémoratives du 6 juin et de la Bataille de Normandie, de 1945 à nos jours », *Normandie 6 juin 1944, l'émergence d'une mémoire collective ? Les actes du colloque*, Région Basse-Normandie et Mémorial de Caen, 2011.

Beevor, Antony, *D-Day et la Bataille de Normandie*, Calmann-Lévy, 2009.

Bizimana, Aimé-Jules, *De Marcel Ouimet à René Lévesque, les correspondants de guerre canadiens-français durant la Deuxième Guerre mondiale*, VLB éditeur, 2007.

Desquesnes, Rémy, *Les Canadiens au secours de l'Europe*, OREP éditions, 2010.

Eisenhower, Dwight, *Croisade en Europe*, Robert Lafont, 1949.

Leleu, Jean-Luc, *La Waffen SS, soldats politiques en guerre*, Perrin, 2007.

Lemay, Kate, « La mémoire des victimes : la place des cimetières militaires comme lieux de mémoire », *Normandie*

6 juin 1944, l'émergence d'une mémoire collective ? Les actes du colloque, Région Basse-Normandie et Mémorial de Caen, 2011.

Maloubier, Bob, *Les secrets du Jour J, opération Fortitude. Churchill mystifie Hitler*, La Boétie, 2014.

Millin, Bill, *6 juin 44, La cornemuse du D-Day*, Heimdal, 1994.

Montgomery, Bernard, *Mémoires*, Plon, 1958.

Passera, Françoise, Quellien, Jean, *Les civils dans la bataille de Normandie*, OREP Éditions, 2014.

Pattier, Jean-Baptiste, *Un reporter de guerre au cœur de la Libération, des plages du débarquement au bureau d'Hitler*, Armand Colin, 2019.

Quellien, Jean, *La Bataille de Normandie 6 juin-12 septembre 1944, 100 jours en enfer*, Tallandier, coll. « Texto », 2016.

Quellien, Jean, *Le Jour J et la bataille de Normandie, la Normandie au cœur de la guerre*, OREP Éditions, 2015.

Quellien, Jean, « Le tourisme de mémoire en Normandie », *Normandie 6 juin 1944, l'émergence d'une mémoire collective ? Les actes du colloque*, Région Basse-Normandie et Mémorial de Caen, 2011.

Quétel, Claude (dir.), *Dictionnaire du Débarquement*, Éditions Ouest France, 2011.

Robinard, François, *50 aérodromes pour une victoire, juin-septembre 1944*, Heimdal, 2012.

Rondeau, Benoît, *Invasion ! Le Débarquement vécu par les Allemands*, Tallandier, 2014.

Wieviorka, Olivier, *Histoire du débarquement en Normandie, des origines à la libération de Paris (1941-1944)*, Seuil, 2007.

Composition réalisée par NORD COMPO

262611 - (I) - OSB ENSO 80° - NOC - MGS
Dépôt légal : mai 2019
Imprimé en Italie par Grafica Veneta S.p.A, Trebaseleghe (PD)